Práticas grupais contemporâneas

Dados Internacionais de Catalogação na Publicação (CIP)
(Câmara Brasileira do Livro, SP, Brasil)

Práticas grupais contemporâneas : a brasilidade do psicodrama e de outras abordagens / Heloisa Junqueira Fleury, Marlene Magnabosco Marra (orgs.). – São Paulo : Ágora, 2006.

Vários autores
Bibliografia.
ISBN 85-7183-014-2

1. Grupos sociais 2. Psicodrama 3. Psicoterapia de grupo 4. Sociodrama I. Fleury, Heloisa Junqueira. II. Marra, Marlene Magnabosco. III. Título.

06-2183 CDD-150.198

Índice para catálogo sistemático:

1. Psicodrama e práticas grupais : Método psicanalítico 150.198

Práticas grupais contemporâneas

A brasilidade do psicodrama e de outras abordagens

Heloisa Junqueira Fleury
Marlene Magnabosco Marra
(ORGS.)

EDITORA
ÁGORA

PRÁTICAS GRUPAIS CONTEMPORÂNEAS
A brasilidade do psicodrama e de outras abordagens

Editora executiva: **Soraia Bini Cury**
Assistente de produção: **Claudia Agnelli**
Capa: **Alberto Mateus**
Coordenação editorial: **Miró Editorial**
Preparação: **Marilu Maranho Tassetto**
Revisão: **Renata Del Nero, Cid Camargo**
Projeto gráfico e diagramação: **Crayon Editorial**
Fotolitos: **Casa de Tipos**

Editora Ágora
Departamento editorial:
Rua Itapicuru, 613 – 7º andar
05006-000 – São Paulo – SP
Fone: (11) 3872-3322
Fax: (11) 3872-7476
http://www.editoraagora.com.br
e-mail: agora@editoraagora.com.br

Atendimento ao consumidor:
Summus Editorial
Fone: (11) 3865-9890

Vendas por atacado:
Fone: (11) 3873-8638
Fax: (11) 3873-7085
e-mail: vendas@summus.com.br

Impresso no Brasil

SUMÁRIO

APRESENTAÇÃO

Aqui está mais um livro organizado por duas pessoas de destaque crescente no momento atual do movimento psicodramático brasileiro: Heloisa Junqueira Fleury e Marlene Magnabosco Marra. Por terem sido dirigentes da Febrap e por suas qualidades de liderança e energia criativa, tiveram oportunidade de entrar em íntimo contato com grande número de profissionais que atuam nesse movimento e, sobretudo, de fazer uma espécie de mapeamento de suas atividades e interesses. Provavelmente, também, de suas necessidades e fraquezas. Como diz a própria Heloisa na apresentação do volume dedicado à saúde, da coleção *Intervenções grupais* (desta mesma editora e organizado pelas mesmas companheiras): "[...] a realidade brasileira cria demanda crescente da sociedade por intervenções psicossociais e metodologias adequadas para a potencialização dos recursos pessoais e coletivos [...]. O Brasil precisa de especialistas para o trabalho com grupos, favorecendo um processo contínuo de aprimoramento dos profissionais [...] em todos os contextos em que os cidadãos possam beneficiar-se da experiência do encontro".

Daí a extrema propriedade deste tipo de publicação coletiva. Por um lado, oferece um espaço em que as pessoas podem expor seus trabalhos, suas reflexões e até mesmo suas dúvidas; por outro lado, cria uma oportunidade para que os interessados se informem sobre o que pensam e fazem profissionais de outras regiões e até de outras áreas (próximas) de atividades. É importante constatar que iniciativas como esta ocupam lugar semelhante e complementar ao de revistas especializadas: dirigidas a campos delimitados de uma determinada prática, podem selecionar (melhor que as revistas, que devem respeitar critérios de outra ordem, até da *pequena* política relacional) contribuições bastante homogêneas para esse campo. Diferentemente dessas revistas, as pessoas aqui são convidadas pelas organizadoras para escrever sobre um assunto definido.

Neste livro, são agrupados trabalhos que tratam da utilização (ou realização) do psicodrama em diversas situações sociais, exemplificando com riqueza de detalhes e profundidade teórica muitas das reflexões. Chama a atenção a diversidade de situações sociais em que os diferentes profissionais realizaram seus trabalhos. Não vamos, naturalmente, comentar com detalhe todos eles: o prazer e a surpresa dessa tarefa ficam reservados ao leitor.

De um modo geral, o livro mostra as possibilidades e o mágico alcance do trabalho psicodramático com médios e grandes grupos (principalmente grandes).

O riquíssimo relato a respeito do psicodrama de Natal, realizado no Centro Cultural São Paulo ("Quando o psicodrama também é cultura"), é um aquecimento para ler todo o livro e se deixar surpreender com essa mágica, que utiliza diferentes formas de lidar com grupos: discussão dramatizada, teatro de reprise, roda de histórias etc.

Outro capítulo mostra como se planeja e executa um sociodrama temático (desses que deixam todos os diretores, por mais experientes que sejam, tensos antes de sua realização; entre outras razões, pela responsabilidade de dirigir não um grande, mas um *enorme* grupo). Usa o teatro de reprise como método e, em seguida, surge um inteligente comentário mostrando como a "desindividualização" cria novos sentidos e permite descobertas de configurações não imaginadas.

Caminhando pelo livro, descobriremos como o método nos leva a uma surpresa: a idéia de uma Justiça Terapêutica, experiência já em execução em Brasília, na qual membros do corpo judicial e jurídico descem de sua proverbial rigidez e aparente distanciamento afetivo para levar em conta não apenas as condições psicológicas dos sujeitos das ações legais, mas também a própria subjetividade na sua tarefa, tradicionalmente apenas objetiva.

Passando por outros capítulos, percebemos no trabalho com guardas municipais de Campinas o que já se vinha delineando com clareza nos escritos anteriores: que a condição de funcionamento eficiente de qualquer atividade *psi* é a *implicação* do diretor e dos membros de sua equipe de trabalho com grupos. E também surge a função indispensável, e quase automática, do sociodrama em uma instituição: o olhar crítico, analítico dessa organização, que já começa pelo estudo da demanda para perceber qual a intenção real (que já pode ser um primeiro *analisador*, como dizia Loureau).

Vamos caminhando pelo livro com crescente interesse, vendo o trabalho grupal mostrar sua eficiência em diversas situações, como quando auxilia as pessoas a desenvolverem empreendimentos em grupos, até então desorientados (ou desunidos, e por isso não cooperativos e criativos), formando chances de inclusão. Surge um fino trabalho a observar uma importante questão atual: compreensão e prevenção de acidentes de trânsito.

Outras falas e posturas teóricas enriquecem e problematizam positivamente a reflexão. Rediscute-se o poder do trabalho sociodramático, considerando que as redes relacionais de cada participante de um trabalho levam para suas "teias sociométricas" a possibilidade de ressonâncias criativas que podem abranger setores cada vez mais amplos de uma comunidade. Como é dito nesse capítulo: "o micro contém o macro; não é possível separá-los".

O trabalho realizado em um Fórum Social Mundial traz essa comunicação, defendendo a hipótese de que o pertencimento às redes seria uma das garantias de saúde mental do indivíduo e do desenvolvimento da sociedade.

Teoriza-se ainda sobre grandes grupos, colocando a questão, atualmente palpitante, de poderem ou não ser terapêuticos. (Aí se coloca uma grande discussão, concernente à possibilidade e à maneira dessa ação terapêutica, à questão ética, e outras mais, mas não é este o momento de entrar nessa discussão). E há um grande capítulo (não pelo tamanho, mas pela qualidade) a respeito da abordagem sistêmica em grupos familiares e sua relação com a comunidade, tocando aí na postura pós-moderna em nosso campo de trabalho. E, por fim, anuncia-se um trabalho abrangente que focaliza o psicodrama em grandes grupos: esse tema suscita cada vez mais atenção e discussão entre nós, já que vem sendo realizado com progressiva freqüência por diversos psicodramatistas.

Tudo dentro do entendimento básico de que todo mundo tem dentro de si a capacidade de ser criativo, ou seja, o mundo e a vida pessoal dentro desse mundo, que são parte de um viver coletivo que pode e deve ser recriado a cada momento.

Em algum lugar, falando do teatro, Boal disse mais ou menos o seguinte: "Teatro é transformação, movimento, e não apenas demonstração de algo existente. Não é apenas ser, é estar sendo, é tornar-se, mas sem parar de ser". A sociedade, organizada pelas classes dominantes, faz o que pode para esconder a realidade de injustiças e diferenças e anestesiar as frustrações (com a ilusão do consumo, por exemplo); um pequeno, porém significativo, momento de resistência pode ser a redescoberta da capacidade de ação na própria vida e no próprio coletivo.

Assim, o atuar exercitado na situação sociodramática pode devolver às pessoas a consciência de que é possível ser realmente agente da própria vida e de que participando *realmente* de um coletivo essa possibilidade se multiplica, criando insuspeitadas possibilidades.

ANTONIO CARLOS CESARINO

Psiquiatra, psicodramatista e terapeuta e supervisor pela Federação Brasileira de Psicodrama

INTRODUÇÃO

HELOISA JUNQUEIRA FLEURY E MARLENE MAGNABOSCO MARRA

Participar do planejamento e execução do XVI Congresso Internacional de Psicoterapia de Grupo tem sido uma experiência viva da riqueza e do potencial do GRUPO como instrumento para conexão de indivíduos, comunidades e culturas. A convivência com colegas do psicodrama, e com outros colegas, detentores de diversificadas experiências profissionais ou oriundos de outras regiões do mundo, permitiu que testemunhássemos o quanto é gratificante e enriquecedor fazer aproximações para identificar semelhanças e aprender com as diferenças.

Consideramos os colaboradores deste livro parte de um conjunto de profissionais atuantes no campo das práticas sociais, representantes da atualidade por pensar e vivenciar seus modos de intervir de forma contextual, relacional, processual e sistêmica. São pessoas que apresentam diferentes caminhos possíveis com inúmeras combinações e conexões que nos incitam a repensar nossas práticas e intervenções e refletir sobre elas.

Suas inferências reinventam a inserção social e educacional no contexto terapêutico e vice-versa, como tão bem fazem J. L. Moreno (1992) e Marcelo Packman (2004). Mostram-nos a importância e a força do protagonismo grupal na transformação da realidade, assumindo o papel de articuladores de novos tecidos e sentidos na vida relacional (Marra, 2004). Mudam e desafiam as unidades de contrário (Demo, 2005) que fazem parte constantemente do nosso cotidiano, como:

verdade, singularidade, incerteza, instabilidade, conflito de valores, complexidades e tantas outras.

Outro ponto importante que nasce dessa postura e atitude é a dimensão de reflexividade presente em todos os artigos, aspecto que merece destaque nas idéias pós-modernas (Rapizo, 1996; Grandesso, 2000; Schon, 2000; Packman, 2003).

Aliada a isso, destaca-se nos textos a importância do que Packman (2003) reconhece como "ciclo criativo", isto é, a capacidade de o profissional, com base nas experiências de sua trajetória e prática, criar um contexto de reflexividade que atinja todos os participantes, inclusive ele próprio. Esse "ciclo criativo" possibilita que todos aprendam com a própria experiência, por meio da ação-reflexão. O exercício dessa prática reflexiva acaba por criar uma teoria e metodologia que são restritas a seu âmbito de experiência. Essa teoria é, pelo autor, denominada de "teoria em uso" e constitui uma contribuição teórica dentro de sua micropolítica de atuação.

A prática reflexiva permite-nos transformar os problemas humanos e transcender o papel que nos é dado, prescrito e limitado por ideologias e culturas, carregado de um repertório repetitivo de temas já sabidos (Packman, 2004). Consideramos o participante do grupo um recurso metodológico na exploração de alternativas existentes e na criação de um contexto favorável para uma conversação fértil e viva.

O observador participante (Moreno, 1992) ou interventor social e o grupo são vistos como *designers* (Schon, 2000) de uma experiência de conversação ou outros modos de ação (sociodrama, teatro), caracterizando modos e paradigmas de pesquisa qualitativa. Eles são considerados autores de projetos sobre como operar no mundo para transformá-lo e transformar a si mesmos e utilizar a prática com base na reflexão de todos como proposta metodológica para outras intervenções e novas epistemologias cotidianas. Portanto, nossas posições epistemológicas cotidianas provêm de nossos exercícios de como o mundo pode vir a ser quando trabalhamos nele. Assim, a ação–reflexão que nos indica uma "teoria em uso" está vinculada aos trabalhos transformadores, pois o contato com os participantes promove e permite trazer à luz seu potencial, suas forças para expressarem suas qualidades organizadoras que terão influência dentro da micropolítica de convivência dos grupos, instituições e comunidade a que pertencem.

O construcionismo social (Grandesso, 2000) baseia-se em um pensamento social, cultural, político e lingüístico, orientando-nos para um pensamento crítico e, portanto, necessário para uma constante revisão de nossas próprias orientações e crenças. Então, nossas práticas têm uma perspectiva de construção de metodologias organizadoras de diálogos como processo crítico e reflexivo de trocas, ou seja, "processo social crítico" (Packman, 2004).

Esse autor afirma que o processo social crítico tem uma potencialidade descolonizadora da mente. Uma mente colonizada é a que acredita e respeita a solidez do mundo. Somos colonizados sempre que perdemos nossa postura reflexiva e aceitamos uma organização social de interação que restringe nossas possibilidades de atuar para manter o *status quo*.

A intervenção social crítica tem um papel descolonizador, político e espiritual, por considerar as utopias não como objetivo futuro, mas como virtualidades do presente.

Este livro apresenta diferentes modelos de diálogo e reflexão. Nossa intenção foi trazer novos e renovados estímulos para muitos outros diálogos e reflexões.

REFERÊNCIAS BIBLIOGRÁFICAS

DEMO, P. *Éticas multiculturais sobre convivência humana possível*. Petrópolis: Vozes, 2005.

GRANDESSO, M. A. *Sobre a reconstrução do significado e hermenêutica da prática clínica*. São Paulo: Casa do Psicólogo, 2000.

MARRA, M. M. *O agente social que transforma. O sociodrama na organização de grupos*. São Paulo: Ágora, 2004.

MORENO, J. L. *Quem sobreviverá? Fundamentos da sociometria, psicoterapia de grupo e sociodrama*. Goiânia: Dimensão, 1992.

PACKMAN, M. "Conhecimento disciplinar, pós-moderno e globalização: uma chamada à 'virada reflexiva' de Donald Schon para as profissões de saúde mental". *Nova Perspectiva Sistêmica*, ano XII, n. 22, 2003.

PACKMAN, M. "Desenhando terapias em saúde mental comunitária: política e micropolíticas dentro e além do consultório". *Nova Perspectiva Sistêmica*, ano XIII, n. 10, 2004.

RAPIZO, R. "Praticante reflexivo: a identidade profissional do terapeuta de família". *Nova Perspectiva Sistêmica*, ano IV, n. 8, 1996.

SCHON, D. *Educando o profissional reflexivo. Um novo design para o ensino e aprendizagem*. Porto Alegre: Artmed, 2000.

QUANDO O PSICODRAMA TAMBÉM É CULTURA

CIDA DAVOLI

1

O título deste capítulo comporta dois conceitos que podem se tornar um problema, caso não os definamos como os entendemos, por serem dois conceitos abertos e abrangentes. Vamos, então, tentar delimitar o que compreendemos por cultura e psicodrama para, a partir daí, estabelecer uma linguagem comum e desenvolver o que pretendemos discutir neste capítulo.

A palavra cultura vem do latim *colere*, que significa cultivar, tratar, cuidar, abrangendo também dois vocábulos gregos: *georgia* (agricultura) e *mathemata* (conhecimento adquirido). A cultura refere-se a conhecimentos, crenças, artes, leis, moral, hábitos, costumes e capacidades adquiridas pelos seres humanos como membros de uma sociedade (Cunha, 2003). Utilizamos neste artigo o sentido de cultivar conhecimentos, hábitos e costumes.

Quando falamos em psicodrama, consideramos a metodologia criada por J. L. Moreno, mas colocamos o foco na construção em grupo e no grupo dos papéis sociais, do cidadão ativo. Destacamos a qualidade da grupalidade, que surge pela prática psicodramática, como a placenta social dos papéis de cidadão, cidadão ativo, co-participante, responsável por si e pela produção grupal em oposição ao individualismo vigente na nossa cultura, que gesta um cidadão passivo, um mero consumidor, no nosso caso, fruto da famigerada indústria cultural.

Portanto, o título deste artigo se refere ao cultivo de novos hábitos, conhecimento criado em grupo e no grupo. É com base nessas perspectivas culturais e psicodramáticas que desenvolveremos algumas idéias descritas neste estudo.

HISTÓRICO

O psicodrama de Natal, realizado no dia 4 de dezembro de 2004, que passaremos a relatar faz parte dos psicodramas públicos que se realizam todos os sábados no Centro Cultural São Paulo (CCSP). Esses encontros tiveram início em 9 de agosto de 2003.

Tudo começou com o convite que Leopoldo Nosek, presidente da Associação Amigos do CCSP, fez ao nosso grande amigo, o psicodramatista Antonio Carlos Cesarino, para organizar psicodramas públicos no CCSP. Este, com toda sua experiência de direção psicodramática de grupos, convocou uma reunião com cerca de vinte e cinco psicodramatistas, além de Leopoldo Nosek e Carlos Augusto Machado, na época, diretor do Centro Cultural e Secretário Municipal de Cultura de São Paulo. Finda a reunião, todos se comprometeram com a idéia de realizar psicodramas públicos. Foram dadas sugestões de data, hora etc.

Cida Davoli, Murillo Viotti e Ricardo Florez comprometeram-se a fazer parte da comissão organizadora desses eventos, juntamente com Antonio Carlos Cesarino.

Mais uma vez, o psicodrama poderia cumprir sua grande vocação: "um processo realmente terapêutico não pode ter como meta final menos que toda a humanidade", conforme Moreno.

O público-alvo seriam os usuários do CCSP, que, em última análise, poderiam ser os cidadãos de São Paulo ou de fora da cidade. O número de participantes e a duração das sessões deveriam ser combinados previamente.

No dia 9 de junho de 2003, uma segunda reunião foi realizada no Daimon[1] com os psicodramatistas interessados no projeto, visando o aprimoramento e o reconhecimento do grupo.

Numa carta-convite para essa reunião, enviada aos psicodramatistas, a comissão organizadora reiterava o caráter sociométrico da proposta, solicitando o repasse da convocação para outros psicodramatistas, com o objetivo de aumentar a rede sociométrica.

E foi assim que tudo começou. No segundo semestre de 2003, a comissão organizadora, junto com a comunidade psicodramática, conseguiu realizar psicodramas públicos todos os sábados, com uma audiência média de setenta a oitenta pessoas em cada evento. Um sucesso!

O texto seguinte, elaborado pela comissão organizadora, serviu de divulgação do trabalho e de apresentação ao público interessado em participar do psicodrama público no CCSP. Ele ilustra muito bem o espírito desse trabalho.

> Novamente surge uma oportunidade de popularizar um pouco mais o psicodrama. Mas o que é psicodrama? É uma forma de trabalhar com grupos (e com as pessoas dentro do grupo) de maneira terapêutica, pedagógica, investigativa, que tem três pontos básicos de apoio: teatro, psicologia e sociologia. Não é um teatro como todos conhecem, em que uma peça escrita por um autor é representada por artistas para uma platéia. Aqui a platéia e os artistas se confundem.
> Há muito tempo se realizam sessões abertas de psicodrama em São Paulo, isto é, momentos em que as pessoas presentes podem experimentar por algumas horas uma maneira de lidar com questões, tanto pessoais quanto coletivas, de uma forma diferente da convencional. Não apenas se discutem as questões, mas elas podem

1 Consultório particular paulistano bastante conhecido entre os psicodramatistas, pois ali se realizam, há mais de vinte anos, sessões abertas de psicodrama.

ganhar mais vida, serem recriadas por meio de dramatizações. O texto a ser representado surge na hora, o drama a ser representado é o drama do grupo presente. Assim, é um teatro, mas no que ele pode ter de mais original: o texto é criado na hora, e os atores são ao mesmo tempo autores do que desempenham. Não é assim na vida? Mas nem sempre as pessoas têm consciência de que estão criando seus próprios dramas, tanto individuais como grupais, e de que todos os problemas são sempre coletivos.

Assim se concretiza, em nível simbólico e com a marca emocional da dramatização, a clareza de que nosso existir é um pensar e atuar coletivamente. Quando se trata de abordar temas institucionais, de interesse no momento de trabalho, transcende-se o drama individual e passa-se ao sociodrama.

Os profissionais participantes apenas ajudam a montar o desenvolvimento das cenas. Dessa maneira, diferentemente do convencional, pode-se lidar com as questões surgidas, tanto de interesse pessoal como coletivo, pois surge uma nova possibilidade (talvez para um público mais amplo) de se vivenciar os momentos mágicos que podem surgir num trabalho desse tipo.

Essa atividade, dirigida por experientes e diferentes profissionais de São Paulo, foi iniciada, a partir de agosto de 2003, sempre aos sábados, entre 10h30 e 13h, na sala Adoniran Barbosa, e qualquer pessoa interessada pode fazer parte dela gratuitamente. Desde o início, teve crescente e interessada participação de um grupo bastante heterogêneo. Aos poucos, foi-se formando o hábito, em um grupo cada vez maior e mais variado, no que se refere à idade, ocupação, formação educacional, procedência dentro da cidade (até de fora dela) e ao nível socioeconômico, de que aos sábados pela manhã havia a concreta possibilidade de um encontro diferente de qualquer outro encontro que se viva normalmente: um encontro com a finalidade de experimentar ser ator e autor de suas próprias histórias, com sentidos individuais e coletivos, ao mesmo tempo. A intenção de proporcionar às pessoas essa vivência-novidade, de dar a si a possibilidade de se aproximar de pessoas que não existiria no cotidiano, está sendo atualizada nos psicodramas públicos do Centro Cultural.

Como é habitual em psicodrama, não há tema ou *script* prefixado. Tanto se trabalharão questões pessoais, sempre com responsável delicadeza e profunda preocupação ética, quanto situações institucionais, grupais ou da cidade das pessoas presentes. Fica feito ao público paulista o convite para usufruir desses momentos, que podem ser vivencialmente muito ricos e significativos.

O MÉTODO

Apesar de grande experiência em psicodramas públicos, os psicodramatistas estavam experimentando uma nova modalidade de direção para o psicodrama que seria trabalhado, em função de algumas características próprias do projeto. Uma delas era o fato de ocorrer num Centro Cultural, lugar onde convivem diversas formas de manifestações artísticas – teatros, cinemas, exposições de artes plásticas etc. Embora estivéssemos subordinados ao Núcleo de Ação Educativa (NAE) do CCSP, o local destinado para os psicodramas, a Sala Adoniran Barbosa, predominantemente utilizada para espetáculos, introduz um novo elemento para a atividade – artístico-cultural –, fazendo um caldo diferente para se cozinharem e criarem novos formatos para o método.

Outra característica desse trabalho era a coexistência de público fixo e público flutuante. Embora os psicodramas ocorressem como atos psicossociodramáticos, esse duplo aspecto do público fazia o trabalho ficar caracterizado, também, como uma espécie de psicodrama processual.

Sua singularidade tinha ainda como ingrediente a mais o espaço. Um espaço aberto e fechado, como descreve muito bem Milene Féo, numa comunicação pessoal.

> A sala Adoniran Barbosa tem um plano inferior que circunda um grande palco. Essa área em geral é ocupada por aqueles que já conhecem as atividades psicodramáticas que vêm sendo desenvolvidas naquele horário; ou pelo menos sabem por alto o que vai acontecer ali. Vieram para participar de algo, mesmo que não saibam exatamente o quê, e pretendem, em geral, manter-se ali durante o tempo estabelecido de trabalho. Existe também nesta sala um plano superior que tem seus limites demarcados por vidros com total transparência. Ali em cima, também existe um grande espaço que circunda o palco, que pode ser ocupado por uma platéia. A transparência, criada pelas paredes de vidro que delimitam o dentro e o fora do espaço de ocorrência do evento psicodramático, garante uma razoável visibilidade do que está ocorrendo dentro da sala para quem transita pelo Centro Cultural. Dessa forma, transeuntes que por ali passam são ou não afetados pelo trabalho que está em desenvolvimento. A porta, localizada nesse plano superior e que se mantém sempre aberta em todos os eventos psicodramáticos, é um convite para aquela população, especialmente a que se mantém no plano superior, para entrar ou sair se quiser, permanecer ou apenas dar uma passada e bater em retirada. Não é indecoroso, especialmente no espaço superior, sair durante um trabalho em desenvolvimento e entrar depois de ele ter se iniciado. Uma espécie de galeria de deuses ali se instala, onde cada um decide se fica ou sai.

Com todas essas peculiaridades, os psicodramas são realizados segundo os critérios metodológicos de cada diretor, de cada platéia, de cada ator espontâneo, o que acaba gerando uma diversidade de modelos de direção muito enriquecedora. A combinação destes três elementos – diretor, platéia e atores – mais as três estratégias de direção relacionadas por Knobel (Fonseca, 1999, p. 345) – sociométrica, protagônica e de espontaneidade – geraram novos formatos destes sociopsicoaxiodramas que são pesquisados e experimentados a cada sábado. A intenção de manter essa diversidade não foi tão clara no início, mas solidificada, justificada e evidenciada à medida que surgiram essas novas formas de direção (como relataremos no psicodrama de Natal, na segunda parte deste capítulo), sedimentando a marca da diversidade. Essas diferentes maneiras produzem um tipo de resistência cultural entre os espectadores, porque ao entrarem numa sala de espetáculo, onde comumente assistem passivamente ao que os artistas apresentam, acabam surpreendidos pelo convite à ação, à colaboração e à criação. Sua passividade não encontra lugar. Uma nova cultura surge: psicodrama também é cultura. Cultura da participação, da inclusão, do coletivo.

Poderíamos pensar nessa experiência em relação ao método como pesquisa-ação:

> maneira de conceber e de fazer pesquisa em ciências humanas, em que, além de transformar a realidade e de produzir conhecimentos relativos a essas transformações, propõe-se uma indagação sobre o lugar do homem na natureza e sobre ações organizadas para dar-lhe sentido. Ela serve à educação do homem-cidadão preocupado em organizar a existência coletiva da cidade e em facilitar o processo de criação de formas simbólicas interiorizadas, garantindo a livre expressão do potencial humano – sua espontaneidade/criatividade (Weschler, 2005, p. 74).

Comunitário, ético, cidadão quanto ao conteúdo sociopsicoaxiodramático.

No final de 2003, a experiência dava mostras de alcançar seus objetivos. O encontro já contava com um público grande, constante e com grande interesse de diretores/psicodramatistas para dirigir esses grupos abertos.

Estávamos definitivamente na agenda oficial do CCSP, no Núcleo de Ação Educativa. Isso representava mais responsabilidades para nós, tanto com o CCSP quanto com o público participante, composto de pessoas dos mais diferentes lugares, e de toda a comunidade psicodramática. Decidimos, então, convidar outros colegas para participar da comissão organizadora, que passou a se chamar SUS (equipe de sustentação do CCSP). Toda nossa organização e funcionamento são supra-institucionais, desde o início do projeto, como opção política. Mantivemos vínculos de colaboração com duas instituições reconhecidas do movimento psicodramático: o Daimon e a Febrap, que têm nos ajudado na divulgação dos sábados de psicodrama no CCSP. Além disso, a Febrap, no seu boletim semanal, também envia o processamento/resumo realizado pelo diretor da semana anterior, que começou a ser solicitado a partir de novembro de 2004. Em troca, esse projeto vem ajudando na difusão, divulgação e reconhecimento do psicodrama, tornando-o uma referência paulista.

No dia 20 de abril de 2004, houve a primeira reunião com o SUS. Os convites para esses novos integrantes foram sociométricos. As escolhas foram feitas segundo critério de proximidade, de identidade com esse tipo de trabalho e de acordo com uma posição sociométrica ocupada no movimento de psicodrama, de tal forma que abrangesse uma área diversificada de psicodramatistas.

O SUS é composto por: Claudia Fernandes, Geogia Vasimon, Mariângela Weschler, Milene Féo, Pedro Mascarenhas, Regina F. Monteiro (Réo), e Rosane Rodrigues. Desde o final do primeiro semestre de 2005, Marcia Almeida Batista passou a pertencer ao grupo. A coordenação tem sido de Cida Davoli, Antonio Carlos Cesarino, nosso presidente de honra, Murillo Viotti, colabora com o serviço operacional e Ricardo Florez, com o registro fotográfico.

O funcionamento do SUS se resume a estes critérios:

- cada integrante do SUS é responsável por dois sábados em cada semestre. Cabe a ele, nesse sábado, dirigir o psicodrama ou convidar algum outro psicodramatista para fazê-lo; caso a direção esteja a cargo de outro colega, ele deverá acompanhar e prestigiar esse profissional no CCSP;
- as faltas dos convidados, caso ocorram, devem ser cobertas pelo diretor encarregado daquele sábado;
- o relatório de cada direção fica a cargo do diretor responsável pelo dia. Seja para fazê-lo, seja para pedir que o diretor convidado o faça;
- as regras e os integrantes do SUS devem ser renovados e avaliados sempre que possível;
- outros desdobramentos desse grupo, como pesquisas, apresentações de trabalho, vídeos, publicações, poderão ser adotados pela equipe ou por parte dela à medida que forem aparecendo.

Duas reuniões de avaliação com todos os psicodramatistas diretores foram realizadas no decorrer dos dois anos de existência do psicodrama no CCSP. Esteve presente nas duas reuniões um grande número de diretores, o que demonstra o interesse da categoria profissional por esse tipo de trabalho.

A primeira reunião foi realizada em 17 de novembro 2003, no Daimon, dois meses depois do início da atividade. Ela visou à realização de um bate-papo-processamento das direções até então feitas, tendo em vista todas as especificidades já mencionadas. Afinal, a famigerada direção de grandes grupos estava posta em nossa cena para que a exercitássemos, pensássemos teórica e praticamente nela.

Esse encontro foi aberto a todos os psicodramatistas interessados nesse tipo de trabalho, sempre mantendo a nossa intenção básica de inclusão. Pedíamos que nossos convidados replicassem os convites, ampliando a rede sociométrica.

Essa reunião era também para festejarmos aquele momento. Apesar do desafio, os psicodramas públicos eram um sucesso.

Depois de quase um ano de atividade desenvolvida, fizemos uma segunda reunião em 30 de agosto de 2004, também no Daimon. Queríamos fazer um balanço das atividades e ampliar e estimular a participação dos diretores na discussão sobre a atividade.

Entre os temas para a discussão tínhamos de:

- estabelecer temas para a direção. Existiria um tema comum a todos eles naquele espaço? E, portanto, ele poderia ser batizado com outro nome que não fosse psicodrama público?
- discutir aspectos singulares do psicodrama no CCSP: espaço, tipo de público, temas etc;
- repensar questões éticas do trabalho, como o uso dos registros fotográficos ou filmados;
- criar um ritual de apresentação do trabalho no CCSP, visando uma maior unidade e uma certa continuidade entre os diversos trabalhos apresentados;
- ampliar a divulgação, co-responsabilizando tanto o público quanto os diretores para essa tarefa.

Acreditamos que essa nossa experiência tem atingido seus objetivos. Entre o público, chega a transparecer uma preferência por este ou aquele tipo de direção. Às vezes, surgem discussões técnicas dentre o público, tais como: "ela trabalha mais o grupo"; "aquele prefere histórias individuais", como se fossem profissionais do assunto. Essas discussões fomentam a verdadeira criação coletiva, instrumentando o público presente com maneiras de participação, ao mesmo tempo que desvalorizam a passividade. Cria-se, então, uma cultura de construção de realidade, deixando para trás a cultura passivo-consumista, comum de nossa época. Conteúdo e métodos fazem parte da rotina e se constroem, se reconstroem e se articulam com a participação de todos: diretor, atores espontâneos e platéia.

A modificação de comportamento é claramente observada entre os freqüentadores mais assíduos. Um deles, André (33 anos), ao dar entrevista a uma reportagem de capa da *Revista da Secretaria da Cultura do Município de São Paulo* (n. 2, junho/2005), feita sobre os psicodramas públicos no CCSP, intitulada "Psicodrama – o encontro do eu no outro"; conta: "Sou muito introvertido. Aqui, não só tenho a oportunidade de me soltar, como de aumentar o número de amigos. Além disso, percebo que, a cada vez, melhoro meu comportamento e aprendo mais coisas".

Temos, também, a participação de muitos psicodramatistas em formação; outros, já formados, usam esse espaço para complementar sua formação. Sem dúvida, esse tem sido um espaço de pesquisa, de aprendizado, de convivência (entre cidadãos do estado de São Paulo, entre psicodramatistas que afluem de todos os cantos) e de criação de novos formatos de direção psicodramática.

Sem dúvida, tem sido um trabalho gostoso de ser feito e de coordenar. É proveitoso para todos os que dele têm participado e temos muito o que refletir sobre ele.

PSICODRAMA DE NATAL NO CCSP: O DIA EM QUE UMA ESTRELA CAIU DO CÉU

A idéia do psicodrama de Natal surgiu quando pensamos em fazer uma direção de encerramento do ano de 2004 (um ano e meio de sábados psicodramáticos). Planejamos uma direção que extrapolasse a sala Adoniran Barbosa, onde temos realizado todos os psicodramas; uma direção em grupo (de diretores) para um grupo (de espectadores). Essa idéia foi colocada no SUS e alguns companheiros aderiram à proposta da direção conjunta.

Sentíamos a necessidade de fazer uma intervenção grupal que resgatasse o Natal da conserva cultural, retirando a "tutela das Casas Bahia", que, com sua insistente campanha publicitária em toda a mídia, usava o *slogan*: "Natal é nas Casas Bahia", o que desvitalizava, esvaziava os significados míticos, milenares e originais do Natal, banalizando a tradicional data do calendário cultural, ao mesmo tempo colonizando o nosso imaginário com valores consumistas. Por essa época, na cidade de São Paulo, passou a ser costume enfeitar todas (ou quase todas) as fachadas das moradias de classe média com aquelas irritantes luzinhas importadas, produzidas pela intensamente explorada mão-de-obra chinesa. O Natal passou a ser visto como a data em que se espera que as pessoas comprem, comprem... fiquem felizes, independentemente de tudo que viveram durante o ano. Subjacente a isso, também existe a expectativa de que nesse dia ajudemos as pessoas mais humildes, exercitando uma generosidade que não se vê, nem de longe nem de perto, durante o resto do ano; vemos, então, os empregados serem convidados para comer na casa de seus patrões, os pobres agraciados com presentes dos ricos, às vezes, sendo trocados até sorrisos e palavras. O Natal foi arbitrado pelo dinheiro, pelas compras, pela generosidade pontual, pela máxima "consumo, logo, existo".

Nossa idéia axiodramática era colocar em questão todos esses "valores" natalinos, conservados, naturalizados, resultantes de uma construção cultural, e capitalizados pela indústria dos bens de consumo. Queríamos revitalizar os mitos fundantes, ou melhor, estabelecer o cenário conflitvo entre a criação de sentido e a repetição incansável de idéias conservadas, entre o papel repetido e o papel criativo para, daí, recriar um rito, como Naffah (1980, p. 47) traduz tão bem:

> [...] psicodramatizar consiste, antes de tudo, num ato de busca, num processo de descoberta; é saber entrar nos caminhos tortuosos do drama para desmascarar seus embustes e desmistificar a sua trama; é poder mergulhar nas cavernas obscuras do mito e enfrentar fantasmas para resgatar das correntes obscuras do que já não é, a verdadeira possibilidade do vir-a-ser.

Pensamos em coletar, entre as pessoas ali presentes, histórias de Natal, mitos ou contos, rituais relativos ao Natal que mais faziam sentido para elas. Talvez pudéssemos recuperar algo que houvesse ficado esquecido na família – algum costume de um antepassado migrante ou imigrante, por exemplo. Assim, veríamos explicitada e colocada no palco a diversidade cultural do grupo.

Pesquisamos, também, mitos de Natal de diversas etnias, de diferentes lugares do mundo, de diferentes religiões para levar ao público.

Por este ou por aquele caminho, tínhamos como objetivo predominante, ressignificar ou mesmo significar o Natal, portanto, realizar um axiodrama.

> O axiodrama trata da ativação dos valores religiosos, éticos e culturais na forma espontânea-dramática. O conteúdo original do psicodrama era axiológico. Ao contrário das afirmações encontradas em livros atuais, comecei com o psicodrama de cima para baixo. Primeiro, foi o axiodrama (1918), em segundo lugar, veio o sociodrama (1921); o psicodrama e suas aplicações nas doenças mentais foi o último estágio de desenvolvimento (Moreno, 1992, p. 33).

Com todas essas idéias, Mariângela Weschler, Rosane Rodrigues, Regina F. Monteiro (Réo) e eu, como diretoras, mais Marina Costa, Leila Kim, Ana Tereza Estrela e Nivio Diegos (egos auxiliares), Miguel Banduk (músico), Ricardo Florez e Eva C. Tesch (fotógrafos) e mais um saco de balas, velas, gorros de Papai Noel, mirra, violão e muita vontade e animação partimos para fazer o psicodrama de Natal.

Como estímulo para as pessoas, utilizava um *leitmotiv* – termo retirado da música e utilizado pelo teatro, para o tema musical recorrente, espécie de refrão melódico que pontua a obra. O encadeamento dos *leitmotiven* forma, na verdade, uma espécie de metáfora paulatinamente desenvolvida, que se impõe à obra toda dando-lhe o tom (Pavis, 1999, p. 227): "Vamos resgatar o Natal das Casas Bahia". Essa frase bastante familiar para a população ali presente, repetida diversas vezes, dava o tom, com ironia, da conserva cultural em que o significado do Natal estava enredado. As pessoas são, na verdade, menos consumidoras e mais consumidas pelos consumos que devem fazer. É o embuste do drama a que Naffah se refere.

Todos os diretores em seus diferentes lugares perguntavam para as pessoas como eram seus costumes no dia de Natal. Os diretores que estavam fora da sala Adoniran Barbosa, após um tempo de pesquisa com o público que estava fora da sala, vinham, aos poucos, chegando com pessoas, com histórias colhidas. Começava, então, a união entre os diferentes grupos, numa roda, para todos compartilharem suas histórias. Entre elas, destaco:

"No Natal, as pessoas se fecham em caixinhas (famílias) e não olham para fora."

"No Natal, a família do S. Filgueiras escreve contos."

"No Natal, caiu um *skate* do céu e aí eu acreditei em Papai Noel."

"Foi muito ruim quando eu não acreditei mais em Papai Noel."

"Eu não queria que Papai Noel chegasse sozinho, então, como todo mundo estava na porta dos fundos da casa, esperando o velhinho, eu fui para a porta da frente, para lhe dar as boas-vindas caso chegasse por essa porta... então todos foram para a porta da frente... fui para a porta dos fundos... então todos foram para a porta dos fundos, então..."

"Eu queria ver como eram as renas que traziam o Papai Noel..."

"Na Argentina, as pessoas no dia de Natal, escrevem cartas endereçadas a outras pessoas, ao presidente da República, contando coisas íntimas, queixas, culpas, segredos etc. No dia de Reis, dia 6/01, abrem-se as cartas e elas são lidas em voz alta para todos os presentes."

"Na Vila Tibério, os velhos põem as cadeiras na rua e ficam conversando."

E como seria na periferia de São Paulo, a chegada do Papai Noel? – pergunta alguém.

Peço para alguns atores montarem tal cena:

CENA 1: Meninos brincando quando chega o Papai Noel – alguns se alegram, outros se iludem, uns olham com desconfiança. O Papai Noel distribui balas entre eles. Sai o Papai Noel da cena. Os atores/meninos olham-se com certa desconfiança para aquele "bom velhinho". Aos poucos, vai se restabelecendo a confiança entre eles, e recomeça a brincadeira com muita alegria. Sem o Papai Noel.

Algumas crianças presentes fazem guerra de balas, movimentam-se, enquanto os adultos, na roda, conversam, contam histórias. Parece uma cena de qualquer família, num dia de Natal.

CENA 2: O diretor focaliza essa cena, dramatizando a presença das crianças no meio da conversa dos adultos. A eletricidade e excitação das crianças contaminam o grupo. Todos brincam de guerra com as balas, todos se movimentam. O diretor pede "estátua" (usei esse termo para me referir à brincadeira infantil – ESTÁTUA –, muito conhecida, na qual os participantes do jogo ficam parados, semelhante à técnica psicodramática do congelamento, por estar entre crianças). Peço, então, para as crianças fazerem uma imagem dos adultos – um deles faz um gesto indescritível, mas eloqüente, significando a impaciência dos adultos quando as crianças, excitadas, não param e atrapalham a conversa. O público todo vê. Ri. Reconhece-se. Em seguida, peço a esse ator mirim que monte a estátua de uma criança. Ele faz uma imagem quase que endemoniada – também indescritível. Novas risadas no público, sinal de identificação. As outras crianças, espontaneamente, contracenam com aquele "protagonista", complementando ora a criança ora o adulto. Podemos, por um momento, com o palco aos nossos pés, identificar uma cena que nos é tão familiar: o conflito/encontro entre as crianças e os adultos que acontece nas festas de Natal. O diretor pede que o nosso jovem ator faça o adulto, depois que faça a criança, numa transformação rápida, divertida, e que expressa a diferença axiodramática, podemos dizer, vivida pelo adulto e pela criança daquela e naquela comemoração. São duas expressões opostas numa diferença mágica, plástica, estética e ética. O diretor dá visibilidade àquele conflito entre o novo e o velho, o estabelecido e o criativo, coordenando pontos de vista diferentes. Após algum tempo, as crianças espontaneamente se retiram da sala. Já foram vistas, já foram reconhecidas, já existem. Podem ir.

CENA 3: A diretora conta: "Os povos mesopotâmicos, desde 4000 a.C., comemoravam um ritual pagão no solstício de inverno – a noite mais escura e mais fria do ano. Nessas noites, era costume acender velas nas árvores para iluminar a escuridão, proteger-se do frio e espantar os maus espíritos. Posteriormente, essa celebração foi adotada pela Igreja Católica para comemorar o nascimento de Jesus, considerado a luz que veio para salvar".

O diretor pede, então, para os presentes fecharem os olhos, ficarem sem luz e olharem para dentro de si e verem sua própria escuridão que precisa ser iluminada.

Temos muitos Arlindos (veja a cena 4) na platéia que só acreditam no que pensam ou no que são conduzidos a pensar, e não acreditam no que vêem. Ensimesmados, não se afetam pela relação. Seu pensamento é cheio de nostalgia e amargura: o Natal é sempre cheio de amor (como dizem todas as propagandas veiculadas em nossas mídias); como não existe mais amor entre as pessoas, não existe mais Natal. O pensamento dos Arlindos traduz essa rigidez, o imaginário aprisionado na conserva cultural, na propaganda enganosa, na dor de sermos só o que os outros querem que sejamos. A centelha divina, proclamada por Moreno, inexiste. Não sabem mais no que acreditar: no que vêem ou no que estão condicionados a pensar.

CENA 4: Em volta da mesa, onde está colocada uma planta chamada mirra (os reis magos Baltazar, Melchior e Gaspar presentearam Jesus com ouro, incenso e mirra, em Belém), três atores começam a montar uma cena de Natal. É um jogo feito com as velas verdes e vermelhas, que eles trocam entre si refazendo e ressignificando os símbolos, os mitos e os ritos num processo colaborativo e alegre. Tentam arrumar as velas sobre a mesa. Alguns símbolos do Natal compõem o cenário onde acontece essa cena, como velas, luzes, mirra. É uma nova construção que procura reintegrar a tradição e a conserva cultural, trazendo novos significados. Arlindo, vendo o clima de camaradagem e alegria existente entre os atores ao criar a cena de comemoração de Natal com apenas aqueles elementos, diz, muito baixo e tímido, como para ninguém ouvir, que aquilo não era Natal, uma vez que contradizia suas convicções (o Natal das Casas Bahia tem presentes, lavadoras, TVs de todos os tamanhos, numa promessa de muita felicidade e muito amor). Naquela cena, só temos mirra, vela, roupa comum, sem Jesus, sem manjedoura. Percebe-se o afeto entre eles, mas não existe mais amor. Arlindo não sabe no que acreditar. No que vê ou no que pensa. Um dos atores que está montando esse jogo/cena, um cineasta, profissional das artes visuais, responde, com muita tranqüilidade, à observação de Arlindo. Então, você acredita em Natal... (querendo dizer que se ele está vendo, esta também é uma realidade; existem outras realidades, não uma só realidade). Eu, como diretora daquele grupo, fico absolutamente afetada por aquele encontro, emociono-me. Peço, então, ao grupo que repita esta frase – ENTÃO, VOCÊ ACREDITA EM NATAL. Uma pequena lágrima escorre pelo rosto do Arlindo, talvez por querer acreditar em algum outro sentido, em outras realidades... menos solitário, afetado pelos outros.

As Célias e as Claras choram sem parar, sentem, ressentem, porque não conseguem viver o Natal segundo a expectativa social (comprar, ser feliz, família unida). Toda a escuridão que têm dentro de si deve ficar escondida, vivida solitariamente, porque nessa data temos de ser felizes. No cenário das cidades e das casas, as malditas luzinhas...

CENA 5: O diretor faz um duplo da Célia: "No Natal, a minha família está toda desarticulada e gostaria muito que lá tivesse um pouco mais da proximidade que posso sentir e ver aqui". O grupo, ao "ver" aquela nova vela (Camila) se acendendo, a partir da sua escuridão, vai se aproximando. Todos rodeiam Camila, que se sente muito acolhida. A escuridão, a solidão e a luz de todos sendo compartilhada fazem surgir uma forte emoção e muito calor dentro e fora do grupo. A protagonização de Camila é evidente dentro do grupo. Ela consegue expressar o que Arlindo havia tentado anteriormente: a vontade de se aproximar do outro, confiar no outro, não pelo dever (porque é Natal), mas pela falta, pela necessidade. E o grupo a acompanha rapidamente, talvez também precisando da proximidade.

O Anésio, um dos participantes que veio a convite de um dos diretores, no início da atividade fora da sala Adoniran Barbosa, veio para ficar só um pouco, porque precisava estudar para o vestibular. Ficou "olhando" lá de cima da Adoniran... mas, naquele momento, ainda estava lá. Quem entrava, não saía. Ficava capturado por toda aquela luz e calor que emanava do grupo.

CENA 6: O grupo começa a acender as velas, distribuídas pela equipe. A emoção é muito forte. Algo muito mágico acontece entre aquelas pessoas que estão no palco, na platéia superior e na inferior. Religacão consigo, com o restante do grupo, sagrado, revelador do drama escondido, rito profano.

De repente, uma nova forma de celebrar o Natal... Todos, em roda, começam espontaneamente a trocar velas entre si. Depois das trocas, vão se juntando, com as velas levantadas para o alto. Luzes que emanam da escuridão dissipada.

CENA 7: De repente uma estrela que cai, traz movimento para aquele rito adulto que esta sendo criado... Uma criança que ainda participava do psicodrama sai daquela roda de adultos, com suas velas acesas, e começa a fazer estrelas (aquelas piruetas que se faz, apoiando as duas mãos no chão, e os pés fazem um giro no ar de 360°). O efeito estético daquele movimento na cena fazia pensar mesmo numa estrela que caía do céu. Aliás, essa mesma menina tinha contado a história do *skate* que havia caído do céu (lareira) no seu último Natal, fazendo que continuasse acreditando no Papai Noel.

O grupo também, nesse momento, volta a acreditar em Papai Noel, no Natal, no renascimento, no calor humano, nas luzes que surgem da escuridão e a iluminam. Voltamos a acreditar que podemos recriar o Natal.

Naquele momento, estávamos cultivando uma nova celebração do Natal, coletivamente, ativamente. Quando o psicodrama também é cultura!

Camila segura o microfone e canta bem alto: "Viver e não ter a vergonha de ser feliz. Cantar e cantar e cantar a beleza de ser um eterno aprendiz..."

O método

O método usado é uma combinação de discussão dramatizada, teatro debate, teatro fórum, roda de história, *playback*, todos focando o individual e o grupal, ao mesmo tempo, resultando num sociopsicoaxiodrama.

A discussão dramatizada foi criada pela Milene Feo, por ocasião do II Congresso Ibero-americano, como uma modalidade dinamizadora para as mesas redondas. Trata-se de desenvolver verbalmente algum tema, seguido de ressonâncias dramáticas. A discussão prossegue, enriquecida pela dramatização. As cenas ressonantes vão crescendo em intensidade. Do mesmo modo, a discussão vai sendo ampliada e se aprofundada.

O teatro debate, desenvolvido por Moysés Aguiar, modalidade dramática, procura articular a discussão verbal de um tema com técnicas de improvisação teatral, fomentando a criação coletiva do enredo.

O teatro fórum, inventado por Augusto Boal, é um teatro no qual a participação do público é requerida, guardando muita semelhança com o teatro espontâneo. Com a diferença que a criação de Boal (2002) traz sempre histórias já prontas para o público, sempre com conteúdo e enredos de opressão. Sua intenção é de que os espectadores aprendam os mecanismos pelos quais uma opressão se produz e sua conseqüente forma de evitá-la.

A roda de histórias é tão antiga como o mundo e traz o sentido da transmissão oral da cultura, de vizinhança, familiaridade. Num círculo, as pessoas contam suas histórias, como se fazia antigamente, com todos à volta de uma fogueira.

O *playback* é uma de improvisação teatral feita com base na história contada por um participante do grupo. O *playback*, ao contrário do teatro fórum, não parte de nenhum pressuposto temático, mas acredita que, com base nas histórias narradas, o grupo sempre levantará temas de importância para eles.

Articulando todos esses métodos, junto com as histórias que vão surgindo, busco a dramaticidade e o enredo do grupo. Focalizo novos sentidos para o tema que se desdobra, mostra novas faces, novas dobras da realidade. O individual e o coletivo caminham lado a lado nessa articulação metodológica. Os papéis de autores, atores e platéia são desenvolvidos com base tanto na roda de histórias (acumula-se aí muito texto do grupo), como das cenas ressonantes, ou representações. Os atores espontâneos se preparam, quer encenando as microcenas, quer assistindo ou mesmo sugerindo alterações no que vêem. Uma platéia ativa, co-emocionada, como queria Artaud (1984, p. 36), produz uma nova cultura – que resulta na produção de realidades, de culturas e não só de consumidores passivos (ou oprimidos, como definia Boal) da indústria cultural.

Essas cenas, que no início se apresentam como contribuições individuais, com o evoluir do psicodrama, vão se construindo e constituindo num texto grupal. A representação (psicosocioaxiodramatização), combinada dos relatos começa a falar por si mesma. Não como somatória de individualidades, mas como verdadeira grupalidade.

A teatralidade substitui o teatro textocêntrico.

O textocentrismo – maneira de se fazer teatro na qual a representação é fiel ao texto escrito por um dramaturgo –, a partir dos anos 1970, começou a perder sua força, e surge um novo teatro, cujo texto, a que assistimos no palco, é o resultado de um processo colaborativo entre atores, diretores e dramaturgos, às vezes, inspirados numa obra dramatúrgica, posteriormente modificada e reinventada pelo grupo teatral no processo de preparação do espetáculo. Essa nova modalidade de fazer teatro é bastante sintônica com o nosso modo de fazer psicodrama. Os textos de alguns indivíduos do grupo compõem uma parte do diálogo cênico, capturado pelos novos atores, que o modificam, em outros cenários, com novas posturas corporais, produzindo novos sentidos, realizando o que entendemos por criação coletiva.

Dessa maneira, todas essas contribuições, todo esse empenho do grupo, vão em busca da teatralidade. "Tudo que não obedece à expressão pela fala, pelas palavras, ou se quisermos: tudo que não está contido no diálogo." Ou ainda, teatralidade significa a maneira específica da enunciação teatral, a circulação da fala, o desdobramento visual da enunciação (personagem/ator) e de seus enunciados, a artificialidade da representação. A teatralidade se assemelha à projeção, no mundo sensível, de estados e imagens que constituem suas molas ocultas, a manifestação do conteúdo oculto, latente, que acoita os germes do drama (Pavis, 1999, p. 372).

A busca dessa teatralidade tem como objetivo a desconservacão cultural de alguns mitos, ritos, preconceitos, automatismos, comportamentos. A hibridação dos textos, do diálogo cênico, dos acontecimentos surgidos no grupo, das emoções faz que atores espontâneos possam ser capazes de criar. O *role-creating* surge pelo contágio afetivo com o outro e pela vertigem dos acontecimentos, não só pelo caminho mental. O público pode ver uma cena criada pelo grupo, não a cena contada por um indivíduo, com a qual ele se identifica e reconhece sua autoria. Percebe, assim, como é construída sua realidade, com quantas tábuas se faz uma canoa.

CONSIDERAÇÕES FINAIS

Da perspectiva metodológica, podemos, então, comentar:

Axiodrama, porque intervém em valores narcisistas, individualizantes. O Natal pode ser nosso também, não só das Casas Bahia. Com ou sem lavadoras, TVs...

Sociodrama, porque o grupo, à medida que cria e dramatiza suas histórias, transforma a configuração sociométrica inicial.

Psicodramático, porque se há novos diálogos entre novos papéis e outros personagens, o eu que advém dos papéis psicodramáticos modifica os papéis sociais.

Quanto ao conteúdo, uma estrela que caiu do céu, o psicodrama público no CCSP é, para nós, essa estrela que caiu do céu, em maio de 2003, que conseguimos, a muitas mãos, focalizar, ampliar, cultivar e que agora está entre nós. Com seu pequeno e constante brilho pretende transformar os atores sociais em autores, e quem sabe, em futuros diretores de seus próprios dramas e tramas.

Nas lindas palavras de Merengué (1994, p. 83):

> O psicodrama, mais que uma tentativa de provocar "vivências", revela-se um modo de contatar o universo do invisível. Debater-se nessa invisibilidade, tatear no escuro, lutar contra o opressivamente nebuloso; psicodrama identificado com a idéia de jogo de possibilidades, busca de enredamento/desenredamento.

Uma nova cultura dentro de um centro cultural. Um teatro no qual os atores e autores são o próprio público. O palco está na platéia também. A "quarta parede" do palco, imposta pelo teatro burguês para dissimular a platéia que assiste, definitivamente desaparece no nosso teatro. A platéia, ao contrário, é inteiramente responsável pela "obra de arte" do dia. A vida comum e cotidiana pode ser vista e representada no palco. A criação do novo rito é feito pela reciclagem do velho mito, por meio das novas relações interpessoais que surgem propiciadas pela experiência psicodramática.

Esperamos que este artigo leve ao leitor um pouco do que vem acontecendo aos sábados no CCSP. Se essa proposta o entusiasmar, venha participar. Aguardamos você.

REFERÊNCIAS BIBLIOGRÁFICAS

ARTAUD, A. *O teatro e seu duplo*. São Paulo: Max Limonad, 1984.

BOAL, A. *Jogos para atores e não atores*. Rio de Janeiro: Civilização Brasileira, 2002.

COHEN, R. *Work in progress na cena contemporânea*. São Paulo: Perspectiva, 1998.

CUKIER, R. *Palavras de Jacob Levy Moreno*. São Paulo: Ágora, 2002.

CUNHA, Newton. *Dicionário Sesc – A linguagem da cultura*. São Paulo: Perspectiva, 2003.

FONSECA, J. *Psicoterapia da relação*. São Paulo: Ágora, 1999.

MERENGUÉ, Devanir: O estar fora de si protagônico: algumas anotações. In: PETRILLI, S. R. A. (coord). *Rosa-dos-ventos da teoria do psicodrama*. São Paulo: Ágora, 2004.

MORENO, J. L. *Quem sobreviverá*. Goiânia: Dimensão,1992.

NAFFAH NETO, A. *Psicodramatizar*. São Paulo: Ágora, 1980.

PAVIS, Patrice. *Dicionário de teatro*. São Paulo: Perspectiva, 1999.

PETRILLI, S. R. A. (coord.). *Rosa-dos-ventos da teoria do psicodrama*. São Paulo: Ágora, 1994.

QUESADA, Luís.; DELFINO, Carla. "Psicodrama – O encontro do eu no outro". *Revista da Secretaria da Cultura do Município de São Paulo*, São Paulo, n. 2, jun. 2005.

WESCHLER, M. P. F. Pesquisa-ação e métodos socionômicos: uma conexão possível? In: XIV Congresso Brasileiro de Psicodrama. *Anais do XIV Congresso Brasileiro de Psicodrama*. Belo Horizonte, jun. 2004.

Este artigo teve a colaboração prestimosa de
MARIÂNGELA P. F. WESCHLER e REGINA F. MONTEIRO.

DOIS ENCERRAMENTOS E DOIS OLHARES

ROSANE RODRIGUES E ANNA MARIA KNOBEL

2

O PRIMEIRO OLHAR: DIRIGINDO TEATRO DE REPRISE COMO ENCERRAMENTO DE CONGRESSO

ROSANE RODRIGUES

XIV Congresso Brasileiro de Psicodrama, Belo Horizonte, 2004

Para a realização do evento, a comissão organizadora do congresso idealizou um tema: *A sociedade brasileira em cena – A ação transformadora do psicodrama*. Para discuti-lo, foram feitos muitos convites para mesas redondas, debates, sociodramas de abertura e de encerramento. As razões para a escolha de uma diretora, como eu, e de meu grupo de teatro de reprise – *Grupo Improvise* – para realizar o encerramento, só podem ser imaginadas. Algumas pistas me fazem crer que entre os critérios do que se esperava de nós constava o método utilizado, sua estreita ligação com teatro e sua inédita utilização para aberturas e encerramentos. Além disso, o diretor deveria ser um psicodramatista filiado à Febrap e que promovesse algum tipo de síntese do congresso como um todo. O método que mais tenho utilizado nos últimos doze anos é o teatro de reprise, e me pareceu que isso também fosse determinante, já que sou uma das pioneiras desse método no Brasil. Depois do congresso, tendo conhecimento de outros nomes cogitados antes de mim, penso que o ineditismo era o mais relevante na intervenção; porém, coincidentemente ou não, a diretora que conduziu o sociodrama de abertura se inspirou também no *playback theater*.

Nossa intervenção consistiu, então, um sociodrama realizado por meio do método do teatro de reprise, que vem a ser uma adaptação brasileira do *playback theater*[1]. Assim como no psicodrama clássico, são três as etapas de trabalho: aquecimento, ação e compartilhamento. No *playback theater*, no entanto, a segunda etapa é substituída por algumas teatralizações improvisadas com base em cenas narradas voluntariamente pela platéia. As cenas são apoiadas em recordações, induzidas pelo diretor, por intermédio de fantasia dirigida[2]. Basicamente, a platéia aparece na cena quase que exclusivamente por meio da equipe regida pelo diretor. O planejamento desse evento mobilizou bastante nosso grupo, especialmente a mim, como diretora, que conduzi toda a ação desse sociodrama de encerramento.

Passamos por várias etapas de planejamento, conversas, dramatizações de nossas próprias cenas de outros congressos, sensações e, principalmente, por muita apreensão pela visibilidade e exposição a que estaríamos sujeitos durante o evento. Como o grupo não era constituído apenas por psicodramatistas, resolvemos financiar a viagem dos outros para todos estarem presentes. As cinco mulheres do grupo participaram de todo o congresso, e os três homens chegaram no último dia para o encerramento.

Durante o congresso, dividimo-nos para o que acreditamos ser uma boa estratégia de intervenção: ouvir tudo que

1 Ver mais detalhes em: Fleury, H. & Marra, M. *Intervenções grupais nos direitos humanos*. São Paulo: Ágora, 2005.

2 Utilizo o termo "fantasia dirigida", diferenciando-o de Psicodrama Interno, por ser um texto planejado anteriormente, que sugere situações para o grupo induzindo-o a imagens mentais, que não surgem espontaneamente como no Psicodrama Interno.

fosse possível a respeito do que as pessoas achavam do evento. Para tanto, contamos com a colaboração de vários colegas generosos, que se dispuseram a nos contar o que estavam vendo, sentindo e pensando. Achávamos que isso nos prepararia melhor para a ação, pois refinaríamos a escuta e nos tornaríamos mais sensíveis durante o sociodrama propriamente dito. Só depois nos demos conta de que ficamos abarrotados de informações, que terminaram por produzir o efeito contrário ao desejado.[3] Nossa equipe inclusive combinou, perigosamente, membros com muitas informações (mulheres) com os recém-chegados (homens), que dispunham apenas das informações que transmitimos verbalmente. De certa forma, o trabalhão que tivemos de ouvir tudo antes ajudou no entendimento do que antecedeu ao encerramento, mas dificultou um pouco a co-criação no aqui e agora.

PLANEJAMENTO E AÇÃO

O evento aconteceu num final de tarde do dia 11 de junho de 2004, com uma platéia de cerca de quinhentas pessoas. O local era um grande salão do hotel onde se realizava o congresso. Muitos congressistas já tinham ido embora para suas cidades, como ocorre freqüentemente em eventos desse tipo, nos quais as pessoas dependem dos horários de vôo disponíveis. Dispúnhamos, para a intervenção, de exatas duas horas e, como também freqüentemente acontece nos congressos, o evento teve seu início retardado porque as pessoas demoraram a se desvencilhar das valiosas e interessantes conversas pré-entrada do encerramento, ou pós-saída de outra atividade.

3 Estas são reflexões realizadas primeiramente com o Grupo Improvise e depois com um seleto grupo de colegas: Anna Maria Knobel, Cida Davoli, Heloisa Fleury, Milene Féo e Terezinha Tomé, na residência de Lucila Camargo.

Enquanto chegavam, ouviam música ao vivo do nosso casal de músicos e eram recebidos pelo elenco com boas-vindas e cumprimentos individuais. Nesse momento, Gonzaguinha foi nossa maior inspiração.

Eu, como diretora, abri os trabalhos falando sobre questões de organização, como o horário apertado que teríamos em razão do atraso para começar. As pessoas continuavam chegando em grande número. Eu estava tensa, pois embora já tivesse realizado outros encerramentos, esse era, sem dúvida, o de maior visibilidade dentro do movimento psicodramático até aquela data.

Com aquela quantidade de informações coletadas durante o congresso, o longo tempo gasto para que o movimento de entrada amenizasse seu fluxo e minha tensão, minha fala foi longa e atropeladora. Ou seja, o grupo estava ainda frio, e eu, juntamente com minha equipe, muito aquecidos. Mesmo assim, fomos nos conectando aos poucos para desenvolver o fluxo co-inconsciente daquele grupo, que incluía todos nós.

ALQUIMIA TEATRAL: A UNIÃO MÁGICA ENTRE O CALDEIRÃO E A FOGUEIRA

Chamei doze voluntários para representar os elementos do congresso, que julgávamos importantes, e neles penduramos *banners*:

- *Moreno, Pioneiros do movimento no Brasil, Fertilizadores e Seguidores* (os quatro representando o passado);
- *Federadas (Febrap), Independentes, Sociedade Brasileira e Comissão Organizadora do Congresso* (o presente);
- *Universitários, Alunos em Formação, Professores de Psicodrama e Psicodramatistas* (o futuro do movimento).

A idéia era criar um cenário humano, em que todos se sentissem representados. Tínhamos notícias de bastidores de pessoas e grupos que se sentiam excluídos e queríamos favorecer o pertencimento para proceder em seguida a um ritual simbolicamente alquímico, criado teatralmente pelo elenco. Tratava-se de uma **fogueira**, que foi cuidadosamente acesa, com papéis celofane, e um **caldeirão**, criado por meio de técnicas de ilusão da mímica, dentro do qual vários ingredientes imaginários eram jogados para compor uma grande mistura. O público foi convidado a participar do ritual, podendo jogar no caldeirão ou na fogueira, do lugar em que estivesse, tudo que sentiu durante o congresso para compor uma grande mistura de sentimentos, reflexões e percepções.

A idéia era que cada congressista pudesse contar publicamente o que sentiu e pensou. Acreditávamos que assim o individual revelaria aos poucos o coletivo ou os vários coletivos, pois cada pessoa faz parte de uma rede maior ou menor que ela representa. Isso ficou claro pela reação das pessoas a cada lançamento realizado.

Além disso, eu ofereci ao público a possibilidade de jogar coisas no caldeirão ou na fogueira. O público pareceu entender isso de forma polarizada, uma encenação na qual se jogariam coisas boas no caldeirão e as ruins na fogueira. E assim foi até que do próprio público surgiu alguém (nossa ilustre colega Vitória Pamplona), que integrou esse maniqueísmo desnecessário, explicitando que o caldeirão só cozinharia as coisas adequadamente se existisse uma fogueira.

Como o evento foi filmado, pudemos recuperar quase todo o material audível e visível que o público jogou:

CALDEIRÃO	FOGUEIRA
1 Conhecimento	**3** Vaidade
2 Sensibilidade	**4** Falta de comunicação
6 Respeito às diferenças	**5** Enrolação
7 Comunidade em cena	**9** Resistência
8 Fraternidade	**10** Competição
12 Amor	**11** Arrogância
13 Reconhecimento a Minas	**14** Mundo real
16 Paciência	**15** Restaurante
17 Encontros inesperados	**26** Horários pouco respeitados
18 Sonhos	**28** Desigualdade e exclusão social
19 Revitalização do teatro	**29** Engravatados
20 Qualidade	**34** Ambiente fechado
21 Maturidade	**37** Intolerância e diferença
22 Transformação	**40** Mercado paralelo do congresso
23 Criatividade	**46** Falta de nomes ilustres, como Moyses Aguiar e Fonseca etc.
24 Agradecimento a Vitória Pamplona	
25 Tribuna livre	
27 Entusiasmo	
30 Revista Brasileira de Psicodrama	
31 Brasil	
32 Discoteca	
33 Possibilidades e questionamentos	
35 Imaginação	
36 Aprendizado	
38 Novos horizontes	
39 Grupo Improvise	
41 Metodologia da pesquisa da Comunidade em Cena	
42 A peça *Eros* e *Psique*	
43 Carinho	
44 Sérgio Perazzo	

45 Comissão organizadora do congresso	
47 Novos nomes	
48 Colaboração	
49 Atividade sem inscrição antecipada	
50 Elizabeth	
51 Maria Cecília Velluk	

Nessa altura pedi para agilizar:

Ficaria em pé quem tivesse algo diferente do que já havia sido dito para jogar.

52 Sensibilidade	**54** O preço do congresso
53 Psicodramatistas que se cadastraram em 2004	**62** Disputa entre entidades
55 Maria das Graças Carvalho Campos	**71** Falta de atenção da Febrap com amazonenses
56 Impsi (Instituto Mineiro de Psicodrama)	**76** Preço do congresso do México
57 Crescimento	
58 Todos os meus amigos	
59 Assessoria técnica multimídia	
60 Bom humor	
61 Encontros especiais	
63 Ação	
64 Qualidade do Congresso	
65 Sincronicidade	
66 Interestaduais	
67 Difusão do conhecimento	
68 Todo mundo	
69 Diretoria de ensino	
70 Psicodrama amazonense	
72 Todos os que trabalharam, incluindo as faxineiras	

73 Teatro e atriz de *Eros* e *Psique*	
74 Congresso do México	
75 Receptividade dos mineiros	
77 Pão de queijo	
78 Ação transformadora do psicodrama e de Moreno	

Portanto, em 78 lançamentos, 59 foram para o caldeirão e 19 para a fogueira. Mas quando se trata de avaliação de um grande grupo, a quantidade de elogios não esgota a necessidade que o público pode ter de fazer publicamente revelações, denúncias e reclamações. Portanto, ainda tivemos mais!

Como planejado anteriormente, o conteúdo do caldeirão foi misturado teatralmente pelo elenco, e uma bandeira, com as cores do Brasil, surgiu, ocupando grande parte do palco. Esteticamente, um recurso que simbolizava a sociedade brasileira e que pretendia mexer com a emoção dos presentes. Não coincidentemente, o símbolo da bandeira foi também usado pelo grupo que fez o sociodrama de abertura desse congresso.[4] Nesse momento, os voluntários receberam aplausos e voltaram para seus lugares, e partimos para a utilização de uma técnica clássica do *playback theater*:

AS ESCULTURAS FLUIDAS

Trata-se de uma técnica que pode ser descrita como um instantâneo cênico da expressão de emoções. Uma emoção é verbalizada apenas por uma pessoa de cada vez e, imediatamente a seguir, ela é esculpida pelo elenco, por intermédio de gestos, sons e complementações entre os atores e os músicos. Eles exploram vários planos, de tal forma que a

4 Grupo Vida em Cena, de Minas Gerais, dirigido por Zoé Margarida Chaves Vale.

imagem possa ser vista como um conjunto coerente e diversificado a um só tempo, principalmente quando os movimentos são congelados por alguns segundos, ganhando a plenitude do sentido da emoção geradora. O objetivo da técnica é aquecer os atores e criar um elo direto entre eles, músicos e platéia para posterior captação de sutis mensagens subliminares co-inconscientes.

As emoções verbalizadas e encarnadas em *esculturas fluidas* foram:

1 fraternidade;
2 satisfação de ver todo mundo trabalhando;
3 frustração e irritação por trabalhos de "direções perdidas";
4 encantamento de ver tantos lindos grupos de teatro: Olharte, Agruppa e o Grupo Improvise;
5 incapacidade de dizer para uma pessoa o que está sentindo. O que não é dito e vai se deteriorando;
6 aceitação do que é bom e ruim.

O clima emocional do público nesse momento era terno, afetivo e "afetante", pois tocava a todos.

Preparação e realização das cenas

Nessa etapa, solicitei que a platéia fechasse os olhos e se sentisse a mais confortável possível. Pedi, então, que cada um percebesse silenciosamente o que estava sentindo naquele momento e que nomeasse esses sentimentos. Deixassem que recordações lhe ocorressem: *flashes* de cenas vividas durante o congresso ou a ele relacionadas, que se sucedessem até que fossem "apanhados" por uma única cena. O pressuposto era o de que o processo fosse pouco racional e representativo do co-inconsciente criado durante o congresso e, principalmente, ali, por nós todos.

Segui detalhando as instruções: com quem estavam na cena, qual o clima emocional, o local etc. Cada um deveria se consultar se gostaria de ver sua cena representada pelos atores e, quando abriram os olhos, perguntei quem gostaria de contar a primeira cena.

O público de um congresso de psicodrama é muito peculiar quanto à questão de participação voluntária. Trata-se de um grupo em geral muito desprendido, cooperativo e destemido quanto à questão da exposição. Por esse motivo, tomei duas atitudes que me custaram muitas críticas de colegas. Uma foi a de explicitar que eu precisaria conter o fluxo natural de todas as pessoas que gostariam de contar suas cenas. A outra, que decidiríamos por par ou ímpar e não por representatividade legitimada pelo grupo quem contaria, pois o tempo era escasso. Ou seja, misturei a emoção representativa com o acaso. Minha hipótese era que "todos os caminhos levariam a Roma". E continuo pensando assim. Ou seja, com o público aquecido, praticamente qualquer cena que desejar vir à luz está autorizada pelo grupo. E como há oportunidade nesse método de existir mais de uma cena, o diálogo favorece a representatividade necessária e, portanto, não há falsos narradores (protagonistas) como no psicodrama clássico.

As cenas relatadas após esse procedimento foram:

A primeira narradora, uma jovem de Fortaleza, falou da angústia de não ser selecionada para apresentar seu trabalho no congresso. Contou toda a saga desde a inscrição, o trabalho de escrever, a espera ansiosa pela notícia decepcionante que nem chegou. Essa cena foi representada pelos atores de forma simbólica, na qual, de um lado, ela e seus colegas trabalhavam para dar tudo de si e enviar o estudo para a seleção e, de outro, a comissão responsável pela seleção dos trabalhos também dando duro para cumprir sua função da melhor maneira possível. A narradora, ao assistir a cena, disse estar satisfeita, mas chamou a supervisora, que disse que gostaria de ter sido avisada antes de vir para o evento. No compartilhamento, alguém da organização esclareceu que as federadas foram avisadas e que elas deveriam cobrar destas e não da organização do congresso o esperado aviso. Penso que, de qualquer forma, ali foi denunciado que o sistema não favoreceu um bom diálogo entre a organização e cada psicodramatista. O *como* se desvela provoca justificativas no *como* é.

A segunda narradora, que era da organização, relatou sua angústia ao ver uma mulher que vendia papel reciclado, feito de flor, em um dos *stands* do congresso. Pensava nos trabalhos feitos na *Comunidade em Cena*[5] e se angustiava em não ter mecanismos de divulgação para ajudar aquela pessoa a vender aquele produto. Deparou com sua impotência, mesmo tendo o poder e sendo da organização: as regras eram para todos. Os atores realizaram duas cenas, nas quais a atriz que fazia a narradora conversava com a vendedora do papel de flor e depois se encontrava com um "menino de rua", carente e cheio da malícia, que tentava conseguir algo e entender o que era aquele tal de psicodrama. Ao final, um ator brincando de ser a diretora (eu) perguntava à atriz (narradora) qual era sua emoção, como numa metalinguagem de nossa própria cena.

Compartilhando novamente

A etapa de compartilhamento foi curta, em função do tempo, e também porque o próprio método era um grande compartilhar sobre o congresso. Ainda assim, compartilha-

5 Trata-se de uma inovação deste congresso, em que os psicodramatistas realizaram belíssimos sociodramas públicos pela cidade de Belo Horizonte, durante o evento, e que vivificaram o psicodrama na cidade.

mos emoções sobre o pré-congresso e a *Comunidade em Cena*, com direito a tentativas de *marketing* pessoal. Antes de terminar, alguém mostrou ter ido lá fora e ter comprado o tal papel de flor e o exibia no meio do público.

A manifestação concreta e realista do contexto dramático é desconcertante, mas a atitude, nesse caso, foi simpática e generosa.

Processamento

Creio que o método propiciou a expressão das emoções: uma idéia do que muitos pensavam sobre o aproveitamento do evento e um surdo diálogo de cenas sobre quanto ainda nos faltava para criar canais de fato claros e democráticos no movimento psicodramático. Foram pontuadas as novas propostas como adequadas ao momento, como a Comunidade em Cena, mas terminamos falando de exclusão entre nós e de nossa necessidade de desenvolver a competência para incluir de fato. A denúncia do que falta gera o movimento de busca de uma verdade mais abrangente. Será?!

V Congresso Ibero-americano de Psicodrama, Cidade do México, 2005

A Comissão Organizadora Internacional do Congresso idealizou como tema: *Mismas Raíces, Nuevos Frutos*. Esse evento aconteceu quase um ano depois do anterior. Suponho que tenha sido convidada para fazer o encerramento desse Congresso Internacional em função do meu desempenho como diretora no sociodrama de encerramento do Congresso Brasileiro. Quando o evento em Belo Horizonte terminou, Jaime Winkley, presidente do V Congresso Ibero-americano, que seria no México, elogiou nosso trabalho de encerramento e eu, brincando, propus que ele nos convidasse a repetir a dose no México. Ele disse que me considerasse convidada e aí, seriamente, perguntei se era um convite oficial. Disse-me que verificaria a viabilidade por lá.

Ressalto isso porque só assimilei tal possibilidade quinze dias antes de viajar para o México; até cogitei não ir por motivos pessoais (sem saber que eu, de fato, faria o encerramento).

No início do sociodrama, Jaime contou do trabalho anterior que o motivou a me chamar e, para minha surpresa, mencionou um outro encerramento que eu e meu antigo grupo havíamos realizado em Brasília, em um Congresso de Educação, em 1998; disse que, em Belo Horizonte, eu não o havia levado a sério. Penso que, de fato, ele tinha essa intenção, mas alguns sinais me fazem crer também que não estava tão seguro assim. Por exemplo, o meu nome não constava em nenhuma programação quando mencionava: El Cierre ou o Sociodrama de Encerramento. Isso é importante porque, diferentemente do trabalho anterior, eu praticamente não tinha preparado nada e nem sequer meu grupo de Teatro de Reprise estava comigo lá, tão longe do Brasil. Além disso, Jaime indicou um colega, que eu não conhecia, de um país de língua castelhana, para fazer o encerramento comigo. Isso me impediu de realizar qualquer planejamento até praticamente a véspera do evento, quando ficou claro que não haveria mais tempo para alguém compor uma direção comigo. Resolvi também que durante o congresso não ficaria preocupada em dominar tudo que acontecia, como fiz anteriormente; cumpri meu percurso natural, como qualquer congressista.

Os antecedentes do evento não podem deixar de incluir uma rápida, mas eficiente conversa com a minha parceira de texto e anjo da hora, Anna Maria Knobel, sobre encerramentos. Entre outras coisas, ela me assinalou a importância do foco do encerramento e a necessidade de discriminar tendências presentes ao final do congresso mais do que as individuais. Outro antecedente importante é que formei um elenco lá mesmo, com uma ex-aluna do curso de teatro que coordeno em São Paulo, no Instituto Sedes Sapientiae, com um colega, que eu sabia que tinha feito algo de teatro, e que encontrei nas pirâmides, e uma psicodramatista da Costa Rica, que de fato era peruana, a qual eu havia visto co-dirigir uma vivência do primeiro dia. Assim fiquei com: Ana Cris, Norival e Mafalda. Um time e tanto que topou a loucura de, apenas com um ensaio de *esculturas fluidas*, colocar-se em minhas mãos, até de roupas pretas. Mais três anjos da hora.

PLANEJAMENTO E AÇÃO

Durante o congresso, resolvi fazer o encerramento em meu idioma, ainda que falasse um espanhol razoável para a ocasião. Penso que muitas decisões importantes devem ser tomadas durante uma direção, e eu não precisava de mais uma tensão. Penso que um diretor deve poder colocar-se o mais aquecido e relaxado possível. E ainda que soubesse que não havia ninguém destinado a realizar a tradução, apostei na mágica e, realmente, uma tradutora maravilhosa apareceu e me auxiliou.

Ao som de Mercedes Sosa cantando *O que será?*, de Chico Buarque e Milton Nascimento, o público entrou e se acomodou. Essa era a única certeza que trouxe do Brasil: a música que nos unia como ibero-americanos. Depois da apresentação de Jaime, já mencionada, contei da ausência do meu grupo de Teatro de Reprise e que tinha outro elenco formado ali: chamado de *Raíces y frutos*[6]. Comentei que muitos colegas já haviam partido, e que queria mapear quem ainda estava no congresso. Fui citando país por país e, com

6 Tema do congresso e sugestão da Mafalda.

a ajuda do público, verifiquei que todos os países estavam presentes e representados, com exceção de Cuba (que chegou depois).

Planejei misturar os participantes presentes de modo a sentarem-se próximo de alguém que falasse português, mas a intérprete surgiu e encaminhei de outra forma. Decidi, então, não misturá-los, pois o espaço estava bem pequeno para nos locomover e não havia mais tanta necessidade, já que não mexeriam o corpo.

PERSONAGEM VIAJANTE COMO INICIADOR MENTAL

Pedi que fechassem os olhos e verificassem qual personagem trouxeram para o congresso. Quais suas características de comportamento... começando pelos sapatos e vestimentas que trouxeram na mala e que usavam naquele momento. Como o personagem estaria se sentindo? O personagem estava nutrido, chateado, triste, contente? Cada um poderia verificar o que gostaria de dizer ao personagem e dizer internamente. O que ele diria a si mesmo – e dizer. O que ambos gostariam de dizer a alguém ou à organização do congresso – e dizer. Aí abriram os olhos!

ESCULTURAS FLUIDAS COMO EXPRESSÃO DO INDIVIDUAL PARA O COLETIVO

Apresentei cada membro do grupo e solicitei que falassem das emoções que tiveram nesse percurso mental. A cada emoção correspondia uma *escultura fluida* realizada pelo elenco, com direito a muita animação da platéia, muita força estética na interpretação dos atores, sendo que, às vezes, a platéia expressava visivelmente sua aprovação. Algumas das emoções que as pessoas pediram para esculpir foram:

- **Gratidão** por tudo que foi vivido no congresso;
- **Frustração pequena** pela falta de um bom equipamento de som em sua oficina. A pessoa contou que não conferira com antecedência, que o som ficou aquém de sua expectativa. Mencionou que o trabalho foi bom, mas queria que tivesse sido "muito bom". A deficiência do computador deixou o trabalho sem-graça;
- **Tristeza e raiva** pelo sumiço da máquina fotográfica digital na própria vivência que a psicodramatista dirigiu, que achara muito boa, emocionante e forte;
- **Entusiasmo e alegria**, pois a pessoa se sentiu nutrida e com vontade de sair "contagiando" as pessoas;
- **"Olhar de cobrança", uma exigência que sufocava.** Essa escultura parece ter obtido uma grande ressonância. Foi realizada com um dedo em riste, juntamente com um estrangulamento cênico, acompanhados de sons sufocados e assustados;[7]
- **Injustiça, prejuízo e raiva** por ter sido a pessoa uma das primeiras a se inscrever pela internet em um dos trabalhos e, quando chegou na vivência, a sala já estava lotada, ela não pôde entrar;
- Vontade ou necessidade de **reflexão, recolhimento para processar e escrever** sobre tudo que tinha sido vivido no congresso.[8]

DRAMATIZAÇÃO COM CONTEXTO DRAMÁTICO AMPLIADO E FOCO NA PLATÉIA

Disse, então, ao público, que os três atores passariam a representar personagens para os quais poderiam se dirigir e dizer o que quisessem. Os atores representariam:

7 Após o encerramento, confidenciaram-nos uma tomada de decisão a partir dessa escultura. Uma decisão que envolvia "desengasgar" e tornar público um segredo e drama pessoal para ajudar pessoas. E a intenção de escrever um livro.

8 Essa narradora, depois, liderou uma das tendências finais, com seu grupo de reflexão.

1. O personagem que cada um identificou na fantasia dirigida;
2. A organização do Congresso;
3. Um personagem coringa (*jocker*), que poderia tornar-se o personagem que desejassem.

A cada solicitação dos membros da platéia, o jogo dramático ia se desvelando: o ator escolhido dava um passo à frente e ouvia silenciosamente o que lhe era dito. Em certo momento, um membro da platéia solicitou resposta da organização do congresso e, sob minha orientação, trocou de papel com o personagem. A tentação nessa hora foi de buscar resposta da própria organização, mas meu papel contratado com o grupo não era de juiz de um confronto. A emoção era muito densa nesse momento. O protagonista do conflito iniciou, já no palco, um solilóquio espontâneo. Dei, então, instruções claras para a ego-auxiliar cobrar a resposta desejada, interpolando resistência. Esse foi um momento de forte intensidade emocional, que provocou reações posteriores, pois a fala questionava posições da organização dos Congressos Ibero-americanos quanto à vinda de poucos representantes da Península Ibérica. A resposta que o protagonista deu, porém, combinava a resolução do conflito com um bom senso de oportunidade para o momento: dizia que refletiria sobre o que havia sido colocado, no papel de organização. Outros membros da platéia, em determinado momento, chamaram os jovens por meio do *jocker* e fizeram "trocas de tiros" diplomáticos entre antigos membros do psicodrama.

No geral, o personagem mais escolhido foi em primeiro lugar o coringa, depois a organização e por último o seu próprio personagem. O coringa simbolizou pessoas com as quais se tinha tido contato, cujos números de telefone não se havia conseguido (este caso foi facilmente resolvido por alguém que prometeu fornecer) ou a quem se queria fazer um elogio pelo trabalho apresentado; também simbolizou a organização do congresso dali a dois anos, na Espanha, em La Coruña, colegas que dirigiram trabalhos, jovens congressistas ou pessoas politicamente significativas que traziam protestos por exigir visto dos costa-riquenhos ou cubanos etc.

O personagem dos jovens ganhou grande força como alguém que impulsionava o movimento psicodramático e era bem importante para os mais velhos que queriam que entendessem coisas a respeito do passado ou do presente. A organização foi mais elogiada do que criticada, mas, como sempre ocorre em sociodramas de encerramentos, não saiu sem arranhões. Os personagens íntimos, de forma geral, foram (auto-) elogiados em sua coragem de apresentar trabalhos em um Congresso Internacional e terem se saído bem.

O tempo destinado à atividade de sociodrama de encerramento foi bem limitado pela organização do congresso (uma hora e quinze minutos). Muitos queriam falar, mas, a partir de um certo momento, tive que contê-los e selecionar as participações, permitindo só o que era diferente do que já havia sido dito. Uma parte do público, a princípio, pareceu frustrada, mas depois de algum tempo já se irritava com falas longas que repetiam o já sabido. A sensação de sintonia com o público era muito agradável, principalmente quando este confirmava minhas percepções.

Aí, passamos para a última parte, em que representávamos as tendências surgidas, que foram:

1 Os jovens;
2 A política;
3 Reflexão e digestão a ser feita em silêncio;

4 Os caminhos da organização do próximo congresso na Espanha;
5 O grupo da poesia.

Todos, um a cada vez, deveriam mostrar uma imagem de como ficaram: os jovens cantaram, e eu tive dificuldade em fazer com que parassem para que os outros fizessem suas imagens; como sempre, a juventude estava em seu entusiasmo alegre, despreocupada com o resto, unida e comemorando o que obteve lá. A política gritava palavras de ordem. A reflexão pulsava... seguida pelo grupo da poesia... e, por fim, a organização caminhava decidida para o futuro.

Agradeci e contei que eu própria, como congressista, queria falar do respeito que senti de uns pelos outros no congresso todo, levando em conta tantas diferenças. Parece que cada país se esforçou o quanto pôde para conviver um com outro. E que houve nos trabalhos uma tentativa bem-sucedida de respeito às diferenças. Havia me preparado para mencionar uma historinha contada na solenidade de abertura do congresso sobre porcos-espinhos que precisam manter uma certa distância para não se machucarem, quando se aconchegam no frio, mas perdi essa oportunidade, que aproveito agora. Parece que havia gente "ferida", e isso provocou distância; houve também sugestões sobre a forma de aproximação, espaço de troca e convivência a ser usado nos próximos congressos, ganhando força a possibilidade de incluir cada vez mais pessoas... E que se aceitem mais as diferenças!

PROCESSAMENTO

Muitos aspectos dessa intervenção mereceriam reflexões. Porém, aquela que mais parece caber aqui é a minha própria lembrança de incontáveis congressos dos quais participei e nos quais vi essas "trocas de tiros" e o clima de mistura e falta de respeito. Acho que o uso de um método mais distanciado, com menor participação corporal da platéia, permitiu um uso mais representativo, elegante, respeitoso e, ainda assim, profundo.

No entanto, a reflexão que nos atrai neste momento, como dupla de autoras, e nos une em único e diverso olhar, é a constituição de diferentes cartografias por parte da direção dos dois encerramentos.

UM OUTRO OLHAR: QUANDO O TRABALHO DO TEATRO DE REPRISE TEM POR TEMA O ENCERRAMENTO DE CONGRESSOS

ANNA MARIA KNOBEL

A convite de Rosane Rodrigues, participo deste artigo, e proponho-me a pensar nas peculiaridades do teatro de reprise como método usado em dois encerramentos de congressos de psicodrama, um brasileiro e outro ibero-americano, nos anos de 2004 e 2005.

Nesse contexto, a prática caracteriza-se como um trabalho tematizado, com foco sociodramático, pois foi, nos dois casos, a última atividade vivencial dos congressos. Busca acolher, nomear, canalizar e dar vazão às forças presentes no grupo no que se refere ao vivido coletivamente naquele encontro profissional específico. Tem um foco e uma prática.

O que chama a atenção, em primeiro lugar, é que, apesar da fidelidade ao método em ambos os trabalhos descritos (pessoas do público emprestam seus sentimentos, cenas, sonhos e fantasias para que atores espontâneos os expressem), eles têm características muito distintas, o que me leva a crer que esse tipo de proposta se presta muitíssimo bem a movimentos que vêm de fora dela, que não começam nem acabam nas encenações, por mais que elas tentem apreender seus diferentes sentidos, dando-lhes forma estética e emocional como cenas, esculturas fluidas ou outras técnicas de ilusão mímica. O que quero dizer com isso é que, justamente por ser transpassado pelas forças que pulsam no grupo, o teatro de reprise se mostra um instrumento tão potente. Sua presença se marca pelo que lhe falta: não tem enredo ou histórias próprias, é sensibilidade e energia móveis em busca e à espera de autores. Um instigante convite ao jogo de co-autorias.

Tal interdependência já se configura em seu estilo particular de existência: é um grupo que se oferece ao coletivo (diretor, atores e músicos), seja ele uma companhia estável, como em Belo Horizonte, seja uma trupe instituída *ad hoc,* em função de um projeto momentâneo de intervenção, como na Cidade do México. O que o teatro de reprise instaura é uma modalidade artística de co-existência. Caracteriza-se seu projeto por recolher e encenar pequenos fragmentos do vivido lá por muitas pessoas, que até podem ser tomadas ao acaso, com a atrevida convicção de quem sabe que, ao fim, no dizer de Rosane, "todos os caminhos levam a Roma"; ou, em outras palavras, o percurso do grupo acaba se afirmando, sejam quais forem os territórios subjetivos explorados. Trata-se, assim, de um trabalho centrado na teleespontaneidade, que promove a "desindividualização", buscando, por meio de encenações estéticas, modos transubjetivos de apropriação do vivido. Aparentemente simples e despojado, de fato uma instigante convocação à potência supra-individual, que se instaura com base na exposição de múltiplos pontos de vista, na criação coletiva de enredos que afetam primeiro o corpo dos atores no palco, para ir, aos poucos, tomando a todos, em sutis e audaciosas ressonâncias.

Trata-se de acolher, mas também de criar desassossego, pois os novos sentidos de pequenas experiências compartilhadas acabam revelando o inesperado, subvertendo exatamente o que aparenta ser familiar.

Assim, vejamos os dois encerramentos considerados:

A descrição do trabalho realizado em Belo Horizonte revela que a maioria esmagadora das setenta e oito intervenções iniciais expressa sentimentos positivos e/ou elogios dos mais variados tipos. As esculturas fluidas propostas logo a seguir também percorrem esse mesmo clima emocional. Entretanto, as cenas trazidas pelas duas narradoras emergentes da platéia contam histórias de fracassos, frustrações e impotência. Para onde aponta tal reviravolta? Para a dificuldade de criarmos canais transparentes de comunicação no próprio movimento psicodramático, diz nossa diretora. Para uma humilde constatação dos limites da ação transformadora do psicodrama na vida real que, enfaticamente, nomeou o congresso[9] que ali se encerrava, acrescento eu. Fecham-se as cortinas, e a nossa comunidade sai de cena. A utopia moreniana de transformar o mundo invertendo papéis permanece como memória, pois, segundo Kohut,[10] uma pequena parcela de frustração da confiança na perfeição empática é necessária para permitir transformações e estimular respostas úteis no enfrentamento do que nos ameaça. Podemos, assim, voltar realisticamente potentes para nossas cidades, onde vamos encontrar imensas dificuldades (sociais, políticas, econômicas e pessoais, para citar apenas as mais importantes) para promover o tão desejado desenvolvimento da cidadania consciente e democrática.

A desilusão pôde ser vivida de forma compartilhada e, assim, pareceu menos dolorosa. O teatro de reprise iluminou um caminho que precisava ser trilhado conjuntamente,

9 A sociedade brasileira em cena – A ação transformadora do psicodrama.
10 H. Kohut, *A restauração do self*, p. 105.

antes de nos separarmos. Ao desfazer os sonhos grandiosos, o encerramento sociodramático permitiu que as lembranças de um encontro profícuo e, quem sabe, transformador para alguns, permanecessem.

Na cidade do México, a alteridade estrangeira predomina. Muitos países, duas línguas, múltiplos modos de fazer psicodrama, presença maciça dos latino-americanos, poucos ibéricos, muitos brasileiros.

A força milenar da cultura asteca, dos conquistadores, de grandes artistas, de grandes paixões: Frida, Rivera, o ar rarefeito e seco, a grande altitude, a comida picante, uma certa desorganização de infra-estrutura do congresso associada à boa vontade da equipe de apoio – tudo nos afeta. Alianças, desconfortos, acidentes, contágios, práticas mestiças, um conjunto complexo, mas pulsante de variáveis.

Nessas condições, o encerramento configura muitos anseios. É um constante jogo de opostos: prazer em se expor, raiva da câmera roubada na própria sala de atividades, presenças e ausências, leituras divergentes dessas questões; tensão e intensidades que o grupo prefere deixar de lado, como coisa dos "mais velhos" no movimento psicodramático. Investimento nos jovens, em sua energia, esperança e inocência/Inocêncio.[11] Define-se a distância ótima, ainda necessária para que possamos conviver com possíveis dores e frustrações. A história dos porcos-espinhos que pulsava na mente da coordenadora, mas não pôde ser contada naquele dia, aparece agora em seu texto, como metáfora aglutinadora do não-vivido e do impossível de ser dito.

11 Refiro-me a Roberto de Inocêncio, psicodramatista radicado na Espanha, que convocou os jovens como contraponto à tensão decorrente do confronto entre diferentes visões do esvaziamento da presença européia no congresso. Como ex-presidente do IAGP (International Association of Group Psychotherapy), sua intervenção balizou uma perspectiva política do movimento grupalista internacional.

Com engenho e arte, ela propõe a adesão de cada um dos presentes a alguma das tendências que apareceram no processo cênico: os jovens, as questões políticas dos mais velhos, a reflexão solitária e introspectiva, os percursos da organização do próximo congresso na Espanha e a poesia. Mais uma vez, o tema central daquele congresso se configura: *Raízes e frutos*. As origens, os mandatos, os limites do fazer conjunto, a proximidade e o afastamento inerentes à negociação, à preservação do realizado, à inclusão possível de temas e de pessoas. Tudo isso pulsava ali, e o teatro de reprise acolheu seguindo a regra da prudência, que no dizer de Suely Rolnik "agiliza, mas não atenua seu princípio: [...] permite discriminar os graus de perigo e de potência, funcionando como alerta nos momentos necessários. É que, a partir de certos limites [...], a reatividade das forças deixa de ser reconversível em atividade e começa a agir no sentido da pura destruição de si mesmo ou do outro".[12] Com delicadeza e respeito à vida, a diretora soube manter a distância necessária para a saudável incorporação dos conflitos que foram assinalados, serão digeridos e negociados depois.

Finalizando, deixo aqui uma hipótese a ser mais bem pesquisada: as atividades sociodramáticas de encerramento (de congressos, de jornadas, de *workshops*), quando bem feitas, tendem a inventar coletivamente modos e estratégias de transição entre o tema que nomeia o projeto coletivo e a produção da realidade social desse grupo? Tal questão valeria também em 1994, para o sociodrama de encerramento do IX Congresso Brasileiro de Psicodrama, dirigido por José Fonseca, em Águas de São Pedro, São Paulo. A cena eleita como representante de todos foi proposta pelo grupo dos

12 S. Rolnik, *Cartografia sentimental, transformações contemporâneas do desejo*, p. 71.

não-filiados, mostrando, com intensa qualidade dramática (uma das formas da espontaneidade), "o plantio de uma semente que, irrigada, adubada e cuidada, cresce e se transforma em uma árvore frondosa".[13] O tema de então: *Quem sobreviverá? Crise e Criação.*

Por enquanto, sabemos que, como todos os rituais de passagem, os encerramentos são necessários e vigorosos, mas não concluem. Possibilitam novos horizontes, sonhos e devires.

A vida flui e há que vivê-la!

CONSIDERAÇÕES FINAIS

ROSANE RODRIGUES

Tecendo com base nas palavras de Anna Maria Knobel, devo entremear meus fios e questionar se no México dirigi realmente um teatro de reprise. É possível que o método se configure tão plástico a ponto de permitir o mesmo distanciamento e proximidade, com menos teatralizações e mais ações dramáticas interativas. O que me parece mais apropriado pontuar aqui é que o papel de um diretor de grandes grupos deve ser realmente o de um cartógrafo social, assim definido por Rolnik: "O cartógrafo absorve matérias de qualquer procedência. Não tem o menor racismo de freqüência, linguagem ou estilo. Tudo que der língua para os movimentos do desejo, tudo que servir para cunhar matéria de expressão e criar sentido, para ele é bem-vindo. Todas as entradas são boas, desde que as saídas sejam múltiplas".[14]

13 A. M. Knobel, Estratégias de direção grupal. In: *Revista Brasileira de Psicodrama*, p. 49-62.

14 S. ROLNIK, *op. cit.*, p. 71.

No enfoque psicodramático, a criação de estados espontâneos coletivos, por meio da emoção, aponta correntes sensíveis que, se forem seguidas por uma direção igualmente sensível e experiente (no México, eu era mais experiente do que em Belo Horizonte), poderá inventar caminhos, recursos, percursos, elaborações novas ou, no mínimo, permitir o registro de um intenso pertencimento. E isso já faz muita diferença!

REFERÊNCIAS BIBLIOGRÁFICAS

FLEURY, H. J.; MARRA, M. M. (orgs.). *Intervenções grupais nos direitos humanos.* São Paulo: Ágora, 2005.

KNOBEL, A. M. "Estratégias de direção grupal". *Revista Brasileira de Psicodrama,* v. 4, fasc. I, ano 1996.

________. *Moreno em ato: a construção do psicodrama a partir das práticas.* São Paulo: Ágora, 2004.

KOHUT, H. *A restauração do self.* Rio de Janeiro: Imago, 1977/1988.

MOTTA, J. (org.). *O jogo no psicodrama.* São Paulo: Ágora, 1995.

RODRIGUES, R. A. "Um pouco de teatro para psicodramartistas". *Revista Brasileira de Psicodrama*, v. 2, ano I, 1990.

ROLNIK, S. *Cartografia sentimental. Transformações contemporâneas do desejo.* São Paulo: Estação Liberdade, 1989.

SALAS, J. *Playback theater. Uma nova forma de expressar ação e emoção.* São Paulo: Ágora, 2000.

3 RECURSOS PSICODRAMÁTICOS NO CONTEXTO JUDICIAL

LIANA FORTUNATO COSTA, MARIA FÁTIMA OLIVIER SUDBRACK, FLÁVIO LÔBO GUIMARÃES, LUCIANA MONTEIRO PESSINA E PATRÍCIA SANTANA

INTRODUÇÃO

Trata-se de relato de experiência original, integradora e motivadora que utilizou o instrumento psicodramático como mobilização para uma ação numa interface justiça/psicologia. Ela ocorreu durante um projeto-piloto de atendimento psicossocial para adolescentes em conflito com a lei e seus familiares, no contexto da medida socioeducativa e sob demanda da Vara da Infância e Juventude.

O trabalho descreve uma vivência sociopsicodramática realizada com promotores, juízes, equipe técnica (psicólogos e assistentes sociais) no Projeto Promoção Psicossocial de Adolescentes Usuários de Drogas no Contexto das Medidas Socioeducativas, realizado no ano de 2002, articulando quatro instituições parceiras: Secretaria de Ação Social (SEASDF), Vara da Infância e Juventude (VIJDFT), Programa de Atendimento ao Alcoolismo do Hospital Universitário de Brasília (PAA/HUB) e o Programa de Estudos e Atenção às Dependências Químicas da Universidade de Brasília (Prodequi/PCL/UNB). Esse projeto-piloto teve três objetivos:

1 Realizar atendimento psicossocial de cem adolescentes que se encontravam em medidas socioeducativas;

2. Construir uma proposta metodológica de abordagem da drogadição no contexto da justiça;
3. Capacitar técnicos da SEASDF e da VIJDFT para a abordagem da drogadição no contexto da justiça.

O projeto foi coordenado pela Professora Maria Fátima Olivier Sudbrack, uma das autoras, sendo que os demais autores foram integrantes do projeto.

O CONTEXTO DA INTERVENÇÃO

A Constituição Federal, em seu artigo 227, abraçou um novo modelo de justiça e de atendimento voltado para as crianças e os adolescentes brasileiros, respeitando os fundamentos do Estado Democrático de Direito, especialmente a cidadania e a dignidade da pessoa humana, fixando que "é dever da família, da sociedade e do Estado assegurar à criança e ao adolescente, com absoluta prioridade, o direito à vida, à saúde, à alimentação, à educação, ao lazer, à profissionalização, à cultura, à dignidade, ao respeito, à liberdade e à convivência familiar e comunitária, além de colocá-los a salvo de toda forma de negligência, discriminação, exploração, violência, crueldade e opressão".

A fim de propiciar o cumprimento integral dos direitos infanto-juvenis, estabeleceu a Lei nº 8.069/90 (Estatuto da Criança e do Adolescente – ECA) um conjunto de atuações sociais, públicas e privadas, denominando-as de Política de Atendimento. Determina o ECA, em seu artigo 86, que a política de atendimento dos direitos da criança e do adolescente será implementada por ações articuladas governamentais e não-governamentais, e terá como linhas de ação, dentre outras, os programas de assistência social, de caráter supletivo.

Buscando se adequar à nova legislação, a Vara da Infância e da Juventude do Distrito Federal criou a Seção de Execução de Medidas Socioeducativas, com a finalidade de acompanhar a execução das medidas previstas no artigo 112 do ECA, a fim de dinamizar sua efetivação em meio aberto.

Por outro lado, a legislação brasileira procura adequar-se às demandas e complexidade das transações penais que envolvem usuários de drogas. Nesse cenário, surge a proposta da justiça terapêutica, com algumas experiências já em curso que visam mudar a abordagem do sujeito envolvido com pequenos delitos relacionados à droga. Essas experiências ocorrem em São Paulo, Rio Grande do Sul e, mais recentemente, no Distrito Federal, seguindo a proposta da justiça terapêutica, intervenção que propõe o tratamento compulsório como substitutivo da pena àqueles que são dependentes de drogas, com base na decisão do juiz (Silva, 2002).

A perspectiva da abordagem da justiça terapêutica vem sofrendo críticas, e é bom que assim seja, pois aqueles que nela estão trabalhando reconhecem seus limites e aspectos complexos, especialmente com relação às demandas da clientela e aos aspectos éticos envolvidos na imposição do atendimento pela autoridade judicial. Maierovich (2002, p. 8) critica o termo, porque aponta que a justiça não é terapia e que o consumidor de drogas chega à justiça criminal porque não consegue atendimento na rede de saúde: "Este conceito é absolutamente equivocado. Justiça dá a cada um o que é seu e resolve conflitos de interesses. Uma justiça não trabalha na imposição de terapias".

Essa experiência levada em Brasília pretende contribuir também para a ampliação dessa discussão, no momento em que pudermos divulgar nossas reflexões acerca dos resultados das ações envolvendo os adolescentes e os técnicos da VIJ, do HUB e do Prodequi. Do ponto de vista jurídico, o projeto é inovador, pois prioriza a perspectiva da proteção, defendendo que adolescentes envolvidos com drogas estão em situação de risco e como tais devem ser tratados. Esse encaminhamento tem base no inciso VI do artigo 1001 do ECA, que prevê atendimento especializado a crianças, adolescentes e familiares que têm problemas pela dependência de drogas. Essa experiência foi e continua sendo alvo de muitas construções teóricas e metodológicas já divulgadas no livro *O adolescente e as drogas no contexto da justiça* (Sudbrack, 2003).

Por ora, apresentamos um estudo resultante do primeiro momento do projeto, no qual se realizou um sociodrama de integração da equipe tido como atividade inicial do projeto, visando especialmente à mobilização do segmento jurídico de seus componentes (juízes e promotores).

O SOCIODRAMA COMO INSTRUMENTO DE INTEGRAÇÃO NA INTERFACE PSICOLOGIA/DIREITO

O sociodrama é um método de investigação e tratamento dos grupos. Possibilita enfrentar o conhecimento da complexidade da realidade social e desenvolve uma co-responsabilidade diante do que foi construído pelo grupo (Marra, 2004). Por isso, nossa opção por uma atividade de integração se deu por meio do sociodrama.

Estavam presentes nessa atividade três juízes, quatro promotores públicos, um defensor público, quatro psicólogos e a equipe que coordenaria o sociodrama: uma psicodramatista, dois egos-auxiliares, a coordenadora geral do projeto e a coordenadora da capacitação. Descrevemos, a seguir, as etapas que compuseram esse evento.

Inicialmente, houve uma apresentação informal dos participantes da atividade. Logo surgiu a dúvida, principalmente por parte dos promotores, de o que estariam fazendo ali ou o que ia acontecer; foi dada a explicação de que seria um momento de integração do grupo, de forma divertida, pois a idéia era trabalhar e brincar.

O aquecimento foi um pedido para que o grupo fizesse um círculo com as cadeiras e para que os participantes se colocassem de forma mais confortável. Foi distribuído o material para a primeira atividade: papel, canetas coloridas e giz de cera. A consigna foi para que as pessoas pudessem se apresentar umas às outras de uma forma diferente. Foi pedido que escrevessem, desenhassem ou pintassem: uma cor, um animal e um sentimento que os representassem.

Em relação à cor, prevaleceu o azul, que foi explicado pelos participantes como uma cor que transmite tranqüilidade e paz, que combina muito com outras cores. "Mostra um equilíbrio de razão e emoção." Também foi muito presente o vermelho, representando vida, força, energia, amor, paixão. O verde significou esperança, o laranja e o amarelo, a alegria.

Quanto ao animal, o pássaro foi muito desenhado e associado pelos participantes à liberdade, vontade de expansão, facilidade de relacionamento com o outro. O cachorro também foi muito citado, representando a fidelidade, o companheirismo, e os felinos também surgiram como defesa e luta de suas posses.

Em relação ao sentimento, surgiu o amor, a esperança no projeto, a solidariedade, paz, compreensão, alegria, liberdade e amizade.

A coordenadora chamou a atenção para as semelhanças e aproximações entre as expressões de todos, que naquele contexto eram muito significativas, considerando a tarefa desafiadora que se iniciava: um estudo sobre a adaptação da justiça terapêutica para adolescentes em conflito com a lei. Foi especialmente pontuado que o grupo estava muito coeso, havendo assim tranqüilidade para o início do processo. Sem dúvida, a esperança, a alegria, a liberdade para criar saídas para os impasses, o companheirismo e a solidariedade constituíam bons aspectos com que contar, desde o início, para a tarefa comum, reconhecida como árdua e, ao mesmo tempo, instigante e urgente; isto, porque o projeto se propunha a oferecer um atendimento mais humanizado e profissional para cem adolescentes – todos com experiência de consumo abusivo de drogas e respondendo a processo judicial pelos mais variados tipos de delito, inclusive assassinato.

Consideramos que o aquecimento cumpriu o objetivo de integração, pois o grupo, de maneira geral, mostrou-se disposto a trabalhar em conjunto, apesar de ser heterogêneo e composto por pessoas de diferentes níveis hierárquicos, que em sua maioria nunca haviam trabalhado juntas. Essa etapa e o fato de propormos uma atividade lúdica e de ação que caracterizam o sociodrama foram fundamentais para a descontração e aproximação entre os participantes do projeto – pois um aspecto que dificulta muito as ações integradas no sistema judiciário é a extrema hierarquia que o caracteriza.

Na etapa seguinte, o primeiro aspecto provocador questionado com o grupo foi avaliar a motivação para o trabalho. A coordenadora pediu que se levantassem afastando as cadeiras e que circulassem pela sala. Um cartaz foi colocado no centro da sala, contendo as principais características do projeto. Essas informações estavam escritas e descreviam aqueles aspectos abordados no início deste texto. Pediu-se que olhassem e lessem o cartaz e se colocassem, então, a uma distância que representasse o que pensavam e sentiam sobre o que estava escrito ali. Essa consigna refere-se ao jogo dramático, "limite de si mesmo", proposto por Yozo

(1996, p. 101). O que estaria representando aquela distância? Pediu-se, então, que prestassem atenção e se deixassem impressionar pela forma que o grupo estava assumindo e pensassem individualmente no que estavam fazendo ali. Concordavam? Discordavam? Tinham dúvidas sobre qual posição cada um ocupava no espaço em relação às informações sobre o projeto? Sentiam-se confortáveis ou não? Após todos se colocarem e se aquietarem, o que se viu foi uma organização em três círculos concêntricos. Todos se olharam, perceberam a forma assumida pelo grupo e, então, se encaminharam para conversar e compartilhar suas reflexões conforme as posições assumidas nos três círculos.

Foi escolhido um porta-voz de cada subgrupo, para relatar os aspectos que uniram os participantes nos três círculos concêntricos. Os participantes do grupo central (a coordenadora, uma defensora pública e duas psicólogas) disseram que aquela posição assumida representava compromisso, motivação, envolvimento, trabalhar para fazer acontecer, ter credibilidade, querer ter pessoas próximas de si. Os participantes do grupo intermediário (três promotoras) disseram que estar no meio significava "não estar em cima do muro, mas ter algumas dúvidas e também insegurança" – por quererem estar dentro, mas terem dúvidas em relação às questões práticas. Acrescentaram que a distância proporciona um olhar crítico e reflexões a respeito do projeto, podendo todos dessa forma contribuirem. Todos compartilhavam seu interesse na execução do projeto, acrescido de desafio e esperança. Os participantes do grupo externo (uma promotora, duas psicólogas e três juízes) disseram que o posicionamento deles ocorreu pelos mais diferentes motivos: "certeza no projeto, mas dúvidas nos resultados e no alcance do objetivo, que depende do trabalho em conjunto. Dúvidas, também, sobre como se dará esse trabalho em conjunto". O juiz titular se colocou na posição mais afastada em relação ao cartaz; para proteger a equipe relatou que, se o projeto desse certo, daria os parabéns a todos, mas se desse errado, assumiria tudo para si, pois a idéia de justiça terapêutica havia sido dele a partir da proposta de Redução de Danos. Disse acreditar que se conseguisse atingir "um único alvo", seria ótimo, pois "recaídas são naturais de acontecer". Pareceu-nos que a posição ocupada pelos componentes desse grupo poderia conter uma dúvida sobre a efetividade do projeto, em função da grande abrangência a que ele se dispunha, pela complexidade da clientela e pelo curto espaço de tempo para sua execução.

Foi importante que os comentários sobre essa etapa se fizessem naquele momento, uma vez que a posição que a coordenadora assumiu foi a mais próxima, chegando mesmo a ser a única a se ajoelhar e segurar o cartaz.

Como entender as posições ocupadas por essas duas pessoas tão fundamentais no planejamento do projeto? Poderiam estar se mostrando de forma antagônica? A discussão que se seguiu trouxe a compreensão necessária de que a coordenação se sentia muito ansiosa por saber que esse era um projeto-piloto e que, de acordo com o seu resultado, poderia haver ou não continuidade. Por outro lado, o juiz também se sentia ansioso porque estava jogando muitos trunfos políticos ao definir a Academia como o contexto inovador. Foi extremamente importante para todos que esses aspectos ficassem bem visíveis desde o início das atividades e acreditamos que a ação foi a maior propiciadora dessa revelação.

Em seguida, passamos para a etapa do que chamamos de compreensão da estrutura do projeto, na qual a coordenadora pediu que o grupo circulasse novamente pela sala pensando no projeto e nos elementos que faziam parte de seu trabalho.

Pediu que listassem internamente os elementos do projeto com os quais eles lidariam e qual seria o trabalho deles com o adolescente infrator e com outros tantos elementos, concretos e subjetivos, que o projeto envolveria. Foram distribuídos lápis e papel para que cada um listasse os elementos com os quais se envolveria dentro do projeto, desde aquele momento até sua finalização. As produções foram individuais e verbalizadas para o grupo.

Os elementos apontados foram: adolescentes, famílias, promotores, médicos, rede social, Ministério Público, Prodequi, assistentes sociais, escolas, VIJ, instituições integradas, universidade, Defensoria Pública, contexto social, comunidades terapêuticas, juízes, Secretaria de Ação Social, ONGs etc. Esses elementos foram apontados por todos, de maneira geral. Então, os egos-auxiliares escreveram em cartolina os elementos mais comuns e os distribuíram pelo chão da sala, de forma que a pessoa pudesse circular entre os papéis e se colocar próxima do elemento que mais a preocupava em particular.

A distribuição dos participantes (posicionamento) em relação aos elementos escritos nas cartolinas foi:

- Defensoria Pública – um participante;
- Comunidade/rede social – um participante;
- Prodequi – quatro participantes;
- Adolescentes – quatro participantes;
- VIJ – quatro participantes;
- Rede de saúde – quatro participantes;
- Família – quatro participantes;
- Adolescente envolvido com o ato infracional – um participante;
- Ministério Público – um participante;
- Capacitação – dois participantes;

Pediu-se, então, que se dividissem nos subgrupos para conversarem sobre o elemento comum que os preocupava, e que fizessem uma primeira imagem de como eles percebiam aquele elemento de preocupação, e uma outra imagem de como eles se percebiam diante daquele elemento.

Os participantes que se postaram diante do cartaz da *rede de saúde* construíram uma primeira imagem em que havia desespero, angústia, o profissional sem saber o que fazer, mas todos em círculo com as mãos dadas. Uma segunda imagem mostrava profissionais agitados, impotentes, amarrados, com a idéia de inoperância, mas lutando entre si num espaço restrito.

A primeira imagem construída perante o cartaz da *família* refletia apatia, desesperança, tristeza, falta de perspectiva, abatimento e uma mãe sozinha. A segunda imagem mostrou um profissional irritado, ativo, reagindo muito, como aconteceu na imagem da rede social, mas com uma diferença: não fecharam o círculo. Parecia que todos tinham muita garra, como numa necessidade de luta.

Com relação às imagens sobre a *comunidade/rede social*, a primeira mostrou um adolescente que devia ser ouvido, mas estava impossibilitado. Na segunda imagem, surgiu o desejo de desarticular a impotência para a rede funcionar: "Aqui o adolescente é ouvido"; "Deve-se atuar na comunidade para a rede funcionar"; "Nem todos trabalham juntos, ficando o trabalho limitado"; "O profissional tem o papel de mobilizar as pessoas a seus devidos papéis".

Sobre o *adolescente infrator*, a primeira imagem mostrou dois tipos de adolescentes atendidos: um "humilde", que era menos resistente, reconhecendo o poder do Estado (ou talvez mais deprimido) e outro "escrachado", mais resistente, que tentava desafiar o poder do Estado (talvez em *acting-out*). A segunda imagem foi uma tentativa de resgate desses adolescentes, tirando-os da margem, mas também impondo limites. Um promotor expressou seu desejo de se vincular ao adolescente.

O grupo de participantes diante do cartaz do *Ministério Público* fez uma primeira imagem: o Ministério Público e outras instituições cuidando do adolescente, com idéia de imposição de limites e a sensação de transformação. A imagem também poderia ser interpretada como se o adolescente estivesse recebendo um "passe espiritual" ou precisando da ajuda de outras instituições. A segunda imagem representava alguém que distribuía folhetos sobre a justiça terapêutica, dando a impressão de querer "vender a idéia". O Ministério Público teria a capacidade de divulgar direitos dos cidadãos e ampliar essa nova idéia.

A primeira imagem construída em torno da *capacitação* mostrou um profissional que, sem ela, se sentia amarrado. Foi dito que essa imagem estava associada a outros elementos: rede em construção, "sensação de tolhimento", que constituía um nó, "sensação negativa". A segunda imagem refletia que, com capacitação, haveria maior segurança para lidar e compreender.

Uma interpretação dessas imagens nos mostrou que os elementos que compõem as ações e dimensões do projeto, nesse momento, surgem de modo contraditório. Ou seja, em todas as imagens co-existem elementos que são antagônicos como impotência/luta, tristeza/luta, adolescente "bom"/adolescente "mau". Assim, desde o início, ficamos alertas a respeito da existência de uma dimensão paradoxal, com a qual teríamos de lidar e que, de fato, se mostrou muito importante posteriormente.

A etapa seguinte teve o objetivo de conhecer a demanda da equipe do judiciário. A coordenadora pediu que as pessoas se reunissem por categorias profissionais para estruturarem suas necessidades, dúvidas e expectativas que seriam levadas à coordenação do projeto.

Os integrantes da área técnica demonstraram uma preocupação com a triagem dos adolescentes. Ressaltaram a necessidade de se traçar um perfil do adolescente que deveria ser selecionado, já que acreditavam não haver um pensamento unificado sobre a clientela. Mostraram não haver dúvidas sobre a perspectiva teórico-técnica do projeto, mas manifestavam-nas em relação ao tempo do projeto, considerado muito limitado, e à continuidade do trabalho.

Os promotores revelaram sua expectativa em relação à imediata efetivação do projeto e à definição do papel do Ministério Público. Colocaram também a necessidade e a expectativa de contribuírem com a seleção dos adolescentes, pois estavam em freqüente contato com esses jovens durante as oitivas e conheciam sua realidade. Expressaram suas dúvidas em relação à capacitação e o desejo de receber informações para repassarem aos adolescentes.

No grupo de juízes, o juiz titular expôs a idéia de que a justiça terapêutica em Brasília surgiu do pedido dos próprios adolescentes. Enfatizou a necessidade de se quebrar um círculo vicioso, tratando adolescente e família. Expressou a expectativa de o projeto ser implantado e encaminhado para a Câmara Distrital para que a verba disponível fosse utilizada e ampliada para outros estados. Além disso, explicou que o projeto seria uma construção que poderia ser modificada caso não estivesse dando certo. O juiz esperava encontrar um meio de solucionar os problemas que surgissem e, para tanto, considerava necessária uma estrutura interligada para medidas protetoras. "Temos de aproveitar a verba desse projeto que é piloto, dando uma resposta à Câmara." Esse comentário se justifica porque a verba do projeto resultara de uma emenda distrital, sob demanda e encaminhamento da Vara da Infância e Juventude.

A atividade foi encerrada com um grande círculo no qual as pessoas se deram as mãos para o início da "nova caminhada".

CONSIDERAÇÕES FINAIS

Consideramos que, em sua fala final, o juiz titular, como iniciador do projeto, ao enfatizar seu caráter de construção, deixou claro que havia espaço para as contribuições das várias instituições empenhadas no atendimento a essa clientela, especialmente o Ministério Público. Interpretamos essa fala como agregadora, refletindo uma perspectiva que valorizava os diversos sistemas envolvidos.

Perguntamo-nos se essa fala foi tornada possível pelo fato de o juiz ter participado de todas as etapas do sociodrama. Acreditamos que essa forma de intervenção proporcionou um "estar junto" e um compartilhar qualitativo bastante distintos de uma reunião de trabalho comum em que, muitas vezes, os participantes se detêm aos aspectos mais racionais e "objetivos" dos temas tratados. Não queremos com isso dizer que a dimensão afetiva não esteja presente em reuniões de trabalho. Pelo contrário, ela não só está presente, como influencia o rumo das decisões e ações, embora de maneira implícita.

A contribuição da metodologia sociodramática foi justamente permitir a explicitação da afetividade entre os participantes pela expressão de suas necessidades, expectativas e preocupações. A exploração dessas questões no espaço coletivo pode ter sido um fator de aproximação entre todos, tornando possível vislumbrar um trabalho em conjunto.

A metodologia psicodramática nos leva à compreensão da complexidade relacional de grupos, juntamente com a percepção da singularidade do sujeito, e as redes de afeto e comunicação do grupo (Marra, 2004). Foi a explicitação desses aspectos, nesse sociodrama, que nos permitiu planejar e executar todas as intervenções que se seguiram a essa etapa inicial de integração.

Podemos considerar que essa atividade foi fundamental para essa equipe interdisciplinar que apresentava desafios consideráveis em sua integração, pois buscou exercitar uma nova postura dos profissionais participantes, com adolescentes e suas famílias, num processo cujas transformações extrapolam o nível técnico e abrangem dimensões políticas e éticas (Sudbrack, 2003).

Finalizamos, destacando a importância dos recursos psicodramáticos na construção de um contexto de trabalho interdisciplinar que exige a desconstrução de aspectos constitutivos do contexto jurídico, como a hierarquização das funções e relações de poder.

Entendemos que esse primeiro momento de contato com os sentimentos de cada um e, em especial, esse compartilhar das expectativas e dos receios comuns, abriram um fecundo processo que se prolongou no decorrer do trabalho todo, permitindo que uma proposta de intervenção de caráter construtivista fosse recebida com menos resistência e sofrimento pela equipe. Destaca-se como resultado do projeto o processo vivido pela equipe de desconstrução e de reconstrução de novas subjetividades ante o sujeito adolescente usuário de drogas. Tais transformações favorecem a conscientização da instituição judicial sobre sua função protetora em face dos riscos enfrentados pelos adolescentes envolvidos com drogas e, ao mesmo tempo, permitem o reconhecimento de suas competências e limites para assumir a contento seu papel diante dos jovens, das famílias e da sociedade.

REFERÊNCIAS BIBLIOGRÁFICAS

MAIEROVICH, W. "Entrevista sobre Justiça Terapêutica". *Jornal do Conselho Federal de Psicologia*, 7, 73, 8-9, 2002.

MARRA, M. M. *O agente social que transforma: o sociodrama na organização de grupos*. São Paulo: Ágora, 2004.

SILVA, R. de O. *Justiça Terapêutica. Um programa judicial de atenção ao infrator usuário e ao dependente químico*. Retirado do site http://www.mp.rs.gov.br/hmpage/homepage2.nsf/pages/DRPE_progjudici. Acesso em 30/12/2002.

SUDBRACK, M. F. O.; CONCEIÇÃO, M. I. G.; SEIDL, E. M. F.; SILVA, M. T. S. (orgs.). *O adolescente e as drogas no contexto da justiça*. Brasília: Plano, 2003.

YOZO, R. Y. K. *100 jogos para grupos*. São Paulo: Ágora, 1996.

CÍRCULO CRIATIVO ENTRE DIFERENTES PROFISSIONAIS E ABORDAGEM NO CONTEXTO PSICOSSOCIAL JURÍDICO

4

HELENICE GAMA DIAS, JOSÉ MAURÍCIO DE LIMA
E MARLENE MAGNABOSCO MARRA

"Julgar é recordar-se de um mundo inteligível em que todas as idéias, que entram no julgamento, são desenvolvidas numa imutável e indecomponível unidade."

PLATÃO

INTRODUÇÃO

A proposta deste texto é trazer algumas reflexões sobre a participação de psicólogos, assistentes sociais, advogados, promotores e juízes em audiências terapêuticas nas Varas de Família e Criminais atendidas pelo Serviço Psicossocial Forense (SERPP) do Tribunal de Justiça do Distrito Federal e dos Territórios (TJDFT). A audiência terapêutica visa propiciar um espaço para que juízes, promotores e advogados possam conhecer a nova face do momento da intervenção psicossocial, gerando uma visão ampliada da prática, o compartilhamento da ação interventiva e mudanças nas relações familiares.

O grande diferencial oferecido por esse procedimento possibilita assessoria técnica ao magistrado, combinada com a promoção de intervenções educativas, terapêuticas e preventivas no sistema familiar. Dessa forma, a justiça torna-se um espaço em que a família tem a chance de expressar seus sentimentos, refletir sobre os padrões relacionais e descobrir novas formas de organização, prevenindo-se, assim, o retorno dessas famílias à justiça.

Tal construção teórico-metodológica permitiu que profissionais do SERPP aprofundassem o estudo acerca da percepção sistêmica socionômica e da organização grupal da família e do atendimento a ela reservado. Tudo isso tem como resultado novas construções a respeito de temática e avanços, possibilitando o trabalho interdisciplinar entre a área jurídica e a psicossocial.

A grande incidência de temas complexos torna ainda mais necessária a atualização e a ampliação constantes dos conhecimentos técnicos na área da família, sob pena de se afastar da realidade sobre a qual se constrói tal instituto na atualidade. Para tanto, acredita-se que a interface entre os operadores do direito e da área psicossocial poderá viabilizar um espaço rico de trocas no atendimento a famílias na justiça.

A inter-relação entre as duas áreas do conhecimento citadas já exige mudanças e cuidados pela prática observada no SERPP. No que se refere às demandas das varas de família, a dinâmica familiar será exposta em processos de separação, que trazem, não raro, reflexos sobre a decisão da guarda de crianças e adolescentes ou sobre a decisão do regime de visitas a eles.

Nas varas criminais, por seu turno, é comum o acompanhamento de crianças submetidas a práticas de abuso sexual. Observa-se que as crianças tendem a estabelecer contatos mais próximos com psicólogos e assistentes sociais quando estes lhes dão o suporte emocional necessário; podem até entender a necessidade de denunciar em audiência os abusos que sofrem. Nessas condições, sentem-se protegidas, e os relatos resultam mais precisos do que os depoimentos formais prestados às autoridades policiais ou judiciárias, já que, constrangida, a criança pode passar por um processo de revitimização (Furniss, 1993).

É num ambiente de hostilidade, insegurança e expectativa que as partes – autor (ou vítima) e réu –, via de regra, chegam à justiça, delegando a um terceiro dotado de autoridade – o juiz – o poder de decidir sobre seu destino. O trabalho psicossocial desenvolvido até agora consiste no atendimento às famílias e na elaboração de laudos de natureza pericial a serem juntados ao processo, contendo análise psicossocial da situação, o que permite ao juiz formar sua convicção para melhor decidir e restabelecer o direito.

Com base nessas considerações, propomos a audiência terapêutica como procedimento em construção.

ACOMODANDO A DEMANDA: A INTERVENÇÃO PSICOSSOCIAL JURÍDICA

Constata-se, pela observação empírica e difundida com justa razão pelo senso comum, que um dos grandes desafios enfrentados pela justiça atualmente é a morosidade da prestação jurisdicional, sobretudo nas questões concernentes ao direito de família, foco deste trabalho. A par dessa questão, verifica-se ainda que a formação extremamente formalista do discurso jurídico constitui fator inibidor da fluidez interlocutória, ocorrendo, por assim dizer, abstinência de informações das partes e testemunhas para o juiz, o que prejudica a interpretação dos fatos em suas características essenciais: as informações e relatos oferecidos pelas partes, seus sofrimentos e infortúnios; enfim, sua história particular, merecendo a interposição de sujeitos catalisadores. Registre-se ademais, o conjunto probatório exigido no processo, que é produzido, na prática, preferencialmente, por meios escritos ou outros documentais. Ainda que não haja uma hierarquia de provas, de acordo com o princípio do livre convencimento motivado pelo juiz, não resta dúvida de que essa tendência afasta, sobremodo, o juiz das partes e das testemunhas, mantendo-o inerte na condição de mero receptador dos elementos probatórios, em vez de atuar proativamente na sua produção e no seu conhecimento dos aspectos subjetivos da problemática para decidir com mais propriedade.

Não se pretende aqui investigar os motivos que levam a essa situação, considerando igualmente evidentes as deficiências humanas e materiais a que está submetido o Poder Judiciário, como todos serviços públicos prestados aos cidadãos na situação atual, mas, sim, buscar novas formas de melhor compreender e intervir nas questões trazidas pelas famílias que buscam a justiça.

Observou-se que a demanda de processos encaminhada ao SERPP para realização de atendimento a famílias tem aumentado ao longo dos anos. Em 2000, foram encaminhados 392 processos, sendo que em 2003, tivemos 645 famílias atendidas. Acrescenta-se ao aumento quantitativo de casos a crescente complexidade de temas que as famílias têm apresentado, como abuso sexual e violência doméstica. A compreensão da problemática trazida requer reciclagens constantes, discussão de casos, grupos de estudos, redimensionamento da metodologia e busca de novas formas de acomodar o tempo de permanência do processo no SERPP com a eficácia da intervenção.

Não se podem negar os avanços obtidos até aqui. Entretanto, o que se pretende com a aludida proposta é avançar ainda mais nesse caminho, aproveitando o momento da audiência de conciliação, no caso dos processos cíveis, e o interrogatório do acusado ou oitiva das testemunhas, nos processos criminais, como uma efetiva oportunidade de buscar soluções conjuntas para a situação. Ocorre que, em muitos casos, esse é o primeiro momento que tais pessoas, especialmente os mais humildes e incultos, têm contato com o Poder Judiciário. É natural, portanto, que depositem nas hipotéticas virtudes dos advogados e na mitológica infalibilidade dos juízes uma confiança quase absoluta.

O trabalho interdisciplinar promove a reunião de vários conhecimentos, privilegiando melhores alternativas de soluções. É primordial preparar as pessoas envolvidas no processo para o momento da audiência a fim de levá-las a buscar a solução da problemática que as trouxe à justiça, cabendo ao juiz aplicar a lei. A nossa proposta é que, mediante o entendimento entre os operadores da intervenção, estabeleça-se o diálogo entre todos os envolvidos para resgatar os direitos da família. Tudo isso também com o propósito de otimizar o tempo de permanência do processo na justiça.

É certo que a introdução da audiência de conciliação, como uma inovação ao processo civil após a Reforma 1994-1995, nos termos do artigo 331, teve como objetivo principal dar agilidade ao processo, como uma meta a ser sempre buscada pelo juiz, ressalvadas as hipóteses de direitos indisponíveis. Entretanto, o instituto foi muito criticado, porquanto se atribui a essa fase processual caráter inócuo e procrastinador da prestação jurisdicional. Espera-se, portanto, resgatar o potencial da audiência de conciliação, não como um encargo exclusivo do juiz, como antigamente acontecia no despacho saneador, mas como uma oportunidade igualmente de responsabilidade atribuída às partes, pois a elas se dá a oportunidade de melhor compreender a problemática trazida pela família, com o envolvimento de todos que atuam no processo, inclusive advogados, com mais rapidez na solução das lides.

Quanto ao processo penal, se bem aplicada a audiência, permitirá a concentração dos atos processuais em um só momento, como se dá no rito sumário dos delitos de tóxicos, previsto na Lei nº 6.368/76: ouvida de testemunhas, alegações orais e sentença em uma só audiência.

Com fundamento nessas premissas, serão lançadas algumas bases da proposta da denominada audiência terapêutica com base na combinação da objetividade da ciência jurídica com os demais ramos do conhecimento, notadamente a psicologia e o serviço social, cujas técnicas levam em conta os aspectos subjetivos do conflito, contando com metodologias próprias de intervenção e pesquisa.

O trabalho com famílias no contexto da justiça tem demandado não só reflexão como mudança de postura paradigmática para melhor compreensão do fenômeno observado. Como reflete Ribeiro (2003, p. 48): "Métodos, intervenções e teorias antes eficazes não têm conseguido dar conta de acontecimentos complexos e multifacetados, que exigem do pesquisador e do interventor uma postura diferenciada da visão dicotômica, reducionista e objetiva".

Sabe-se que as intervenções de cunho psicosocioeducativo são recursos apropriados para atingir os objetivos de ajuda desejados em situações em que há existência e permanência de um sofrimento, que levam a família a buscar apoio do terapeuta ou da justiça para auxiliar na dissolução de conflitos e ampliação de resolução de problemas. Os profissionais de saúde mental dispõem de recursos para dar suporte ao sofrimento e ao resgate de competências, mesmo em um contexto de decisão.

Com a união das competências das diversas áreas do saber, é necessária a integração do conhecimento e da ação, tornando visível ao "mesmo tempo, a diversidade e a unicidade, o indivíduo e o coletivo, o sujeito e o seu contexto", conforme chama a atenção Ribeiro (2003, p. 49).

Morin (apud Vasconcelos, 2002) expõe a perspectiva da complexidade na qual o fenômeno é entendido com base na articulação entre o sujeito, suas diversidades, multidimensionalidades e os saberes. Complementando essa idéia, o autor busca construir o conhecimento visando à análise do sujeito, estabelecendo a comunicação entre as suas diferentes relações, considerando suas experiências, seus valores, suas forças e limitações, e o introduz como elemento ativo e autocrítico de sua história para "que possa servir à reflexão, meditação, discussão, incorporação por todos, cada um no seu saber, na sua experiência, na sua vida" (Vasconcelos, 2002, p. 31).

Assim, o desafio que se pretende enfrentar na presente proposta é o de encontrar os caminhos possíveis para superar o impasse entre a necessidade de ajuda terapêutica, considerando os atores do conflito em seu mundo, e o rigor processualístico imposto pela grande maioria dos juízes, "mantendo o foco nas relações, e numa lógica da conjunção e inter-relações, sem redução e eliminação das diferenças" (Ribeiro, 2002, p. 48).

Como se vê, tudo isso envolve os trabalhadores sociais e da justiça na busca constante de discussão de caso, supervisão, reciclagem, criatividade na atuação, disposição de todos para ultrapassar a sua lógica, abandonando velhos paradigmas e alargando suas funções, para deixar de considerar seu papel apenas como regulador, punitivo e normativo e adotar intervenções promotoras de mudanças. Para tanto, deve-se levar em consideração a complexidade da temática trazida pelas famílias no contexto da justiça sob os mais diversos ângulos.

O assessoramento psicossocial no contexto da justiça é requerido com a finalidade de esclarecer ao juiz os aspectos subjetivos e bloqueadores da dinâmica familiar que requerem compreensão para a tomada de decisões e ajuda. As possibilidades e dificuldades do trabalho técnico até aqui desenvolvido revelam a necessidade de uma atuação interdisciplinar com possibilidades de contemplar toda a complexidade dos fenômenos pertinentes às famílias.

A visão sistêmica e a socionômica reúnem recursos na forma de dirigir o olhar para o contexto de intervenção, considerando todos os elementos envolvidos. Para isso, é necessária a integração do pensamento numa prática entre as várias áreas do saber. Essas teorias oferecem embasamento para a criação de equipe, norteando o fazer voltado para a prática interdisciplinar, promovendo o encadeamento das ações. Essa forma garante a inserção das famílias, da instituição, da rede social e cultural dos partícipes do processo, cuja complexidade de intervenção vai além da execução. É preciso entender o social, o individual e o institucional como um conjunto (Moreno, 1972).

Enfocando o significado da busca da justiça pelas famílias para a resolução de seus conflitos e tomada de decisões nos processos de disputa de guarda e abuso sexual, prioritariamente, o pensamento de Cárdenas, juiz de família, no seu livro *La familia y el sistema judicial – Una experiencia inovadora* (1988), reflete que as famílias, ao procurarem a justiça, trazem, subliminarmente, um pedido de ajuda.

Elas chegam à justiça depositando no juiz a esperança de decisões que tragam alívio para o grande sofrimento emocional em que se vêem envolvidas. A integração da área dos operadores da lei, com os profissionais da saúde mental, operadores de intervenções psicossociais nessa proposta, leva em consideração as possibilidades de ajuda a partir da realidade co-construída enfatizando:

- a determinação judicial, que implica controle e decisão;
- o segredo de justiça, que envolve a ética no relato da intimidade familiar;
- os aspectos subjetivos e emocionais referentes a cada família;
- os aspectos subjetivos e emocionais dos profissionais que atuam no processo da família;
- o entendimento das questões subjetivas e emocionais que estão imbricadas na disputa;

- os aspectos objetivos da disputa que requerem uma decisão;
- o tempo emocional para efetivação de mudanças de cada família;
- o tempo de permanência do processo na justiça determinado pelo juiz.

Para tanto, é necessário criar um contexto saudável, no qual as partes possam sentir-se compreendidas e respeitadas, podendo ressignificar a crise e o sofrimento como um momento potencializador e propiciador de mudanças. Nessa perspectiva, passam a atuar como elementos ativos na construção da decisão, resgatando sua capacidade para resolver seus próprios conflitos e buscar acordos possíveis para aquele momento.

Busca-se alinhar, dessa forma, o pedido do juiz, que procura um embasamento técnico-pericial para a sua decisão, aliado à compreensão teórico-técnica que visa avaliar e intervir na dinâmica familiar.

Sendo assim, deixa-se de perceber o contexto da justiça apenas em seus pontos de limites e de decisão. Deixa-se também de argumentar apenas do ponto de vista jurídico, buscando superar a lógica do contraditório em relação à lógica do conciliatório, ultrapassando o olhar do juízo em direção a uma compreensão sistêmica relacional, contextualizada e de possibilidades de intervenções que propiciem mudanças. (Sudbrack, 1998)

A AUDIÊNCIA TERAPÊUTICA

A audiência terapêutica, nessa proposta, é considerada por Cárdenas (1988) como o momento principal e definitivo do processo da família. Nessa oportunidade, o juiz estará de posse dos elementos colhidos com a família, pelos psicólogos e assistentes sociais, que servirão de suporte para a sua decisão final. Os objetivos da audiência terapêutica podem ser assim considerados:

- promover mudanças paradigmáticas no processo de intervenção nas famílias que buscam a justiça, por meio do preparo psicopedagógico dos profissionais que atuam no processo;
- criar uma metodologia única, envolvendo as mais diversas experiências, utilizando a discussão de cada caso como forma de inter-relação entre o direito e a área psicossocial;
- estabelecer um diálogo transformador, com base no encontro de diferentes áreas do saber, promovendo o encontro entre todos os operadores da intervenção em momento prévio à audiência;
- envolver e co-responsabilizar todos na construção de soluções, realizando encontros e atendimentos com a família e os operadores de intervenções;
- resgatar a competência das famílias na resolução de suas questões, promovendo atendimentos provocadores de mudanças.

A proposta de audiência terapêutica vislumbra duas etapas: a primeira trata da preparação psicopedagógica de todos os interventores; a segunda, após a realização do estudo psicossocial, permite que os membros da família, os advogados, o psicólogo e o assistente social se encontrem com o juiz, com o propósito de levantarem todos o dados a respeito da família. Procuram-se discutir e esclarecer todas as questões relacionadas à dinâmica e à situação da família, aos conflitos, às possibilidades de soluções para o momento e às orientações e indicações de acompanhamento fora do âmbito da justiça que se fizerem necessárias (Cárdenas, 1988).

O primeiro aspecto a ser considerado na audiência terapêutica é a aceitação por parte do juiz dessa modalidade de intervenção. Caso contrário, nem há como se cogitar essa possibilidade.

A seguir, dá-se início à prévia preparação psicopedagógica de todos os profissionais envolvidos no processo (juiz, advogados, promotores, psicólogos, assistentes sociais e a rede social). O objeto principal desse momento é a criação de um espaço relacional acolhedor dos aspectos pessoais relacionados à intervenção, que vão desde as especificidades do conhecimento acadêmico voltado para a interdisciplinaridade, até as dificuldades emocionais, por parte de cada um, de enfrentar o momento da audiência. Esta é muitas vezes tensa, envolvendo situações de muito sofrimento para os presentes e exigindo soluções rápidas e adequadas para aquele momento. E, por outro lado, sabe-se também que é preciso experimentar novas formas de intervenção, que requerem disponibilidade interna e flexibilidade para realizar trabalho dessa natureza. Essa etapa pode acessar conteúdos emocionais de cada um, que nem sempre estão, naquele momento, disponíveis ou identificados com situações dolorosas passadas.

A preparação trata, portanto, de situações práticas que envolvem o processo metodológico e o fortalecimento emocional de todos para atuarem de maneira complementar no processo da família, priorizando o bem-estar das crianças e adolescentes.

Sob essa metodologia, os profissionais trabalham com independência, sentem-se respeitados em sua ética, em suas características pessoais e profissionais e têm a oportunidade ímpar de ampliar seus conhecimentos. Ganham as famílias que recebem um atendimento compartilhado, encontrando formas adequadas de abordarem as vítimas, percorrendo o caminho de soluções para a problemática que as levou à justiça. Não se pode negar o acréscimo na qualidade do trabalho com as famílias, na otimização do tempo de permanência do processo na justiça, na eficácia do assessoramento ao juiz e na satisfação pessoal e profissional dos interventores, se todos os envolvidos compreenderem a importância da participação sintonizada e complementar no processo da família.

O sociodrama, o *role-playing* e o teatro espontâneo como propostas de capacitação de profissionais em intervenção de audiência terapêutica

Este trecho será dedicado à apresentação da metodologia de trabalho utilizada para a capacitação de profissionais que farão intervenções em audiências terapêuticas. Definição, estruturação, justificativas e importância desse serviço, bem como a necessidade de capacitação dos profissionais, já foram descritos.

Como vimos, as situações vivenciadas nas audiências terapêuticas são as mais diferentes e imprevistas. Os protagonistas que as vivenciam são também os mais diversos, compreendendo gênero, faixa etária, entre outros, e expressam uma diversidade cultural, social, ética e econômica. Esses aspectos e elementos jamais controláveis deixam a situação do momento tensa e em um alto nível de ansiedade para todos. O *locus* amplia esse estado, por ser uma instituição da justiça, que tem o poder de decisão, a autoridade necessária para transformar a realidade e, portanto, presentifica um contexto de muita responsabilidade, carregado pelos aspectos individuais, intra e interpsíquico dos participantes em questão, como já foi tão bem descrito ao longo do texto.

Com toda essa dinâmica instalada, os profissionais necessitam estar capacitados e absorver uma metodologia que contemple essa diversidade. Os fundamentos embasam a necessidade de uma metodologia que aponte para a habilidade de eles lidarem com situações imprevisíveis, articulando condições de atuar em vários *locus* da sociedade, exercer sua prática e refletir sobre ela, atualizando seu papel de transformador de si e da realidade, de formador, de agente multiplicador e de pesquisador.

Há que se considerar ainda que a matriz de capacitação recomenda principalmente que esses profissionais possam identificar, lidar e exercitar sua espontaneidade e criatividade para a resolução de conflitos. A resolutividade será o produto final dessa grande empreitada. O arcabouço teórico-metodológico fundamenta-se em uma proposta sociopsicodramática, segundo Moreno (1972), vista de uma perspectiva sistêmico-construtivista. Utilizamos os pressupostos da terapia familiar e da terapia de rede por enfatizarem e conterem um caráter psicossocial, contextual e sistêmico (Marra, 2004).

Esse trabalho tem início com a proposta de duração de (até) 30 horas, podendo ser dividido em etapas. Endossa, porém, a necessidade de exercitar-se na educação continuada, imprescindível para a construção do conhecimento que articula os saberes da cultura, a prática espontânea criativa para novas e velhas respostas e, conseqüentemente, a produção e resolução de cada vez mais audiências terapêuticas com resultados satisfatórios para todos. Preservar esse espaço de capacitação continuada dos profissionais em caráter complementar (numa forma de intervisão) será imprescindível para refletir sobre sua ação, tendo como princípio: ação – reflexão – ação e a garantia da saúde sócio-emocional dos envolvidos.

Adotaremos, então, para a organização do grupo, o exercício da espontaneidade – criatividade e habilidade de resolver conflitos imprevisíveis, a teoria e metodologia sociopsicodramática, cujos métodos são o sociodrama, o teatro espontâneo e o *role-playing*.

Essa metodologia tem uma referência simbólica fundamental que permite aos participantes do grupo, independentemente do seu objetivo, pensar, organizar e dar sentido ao mundo social dos envolvidos pela interação grupal. Procura criar um contexto de desenvolvimento e aprendizagem de novas e mais adequadas respostas sociais. É um modo de ressignificar o momento de vida e promover possibilidades de viver e conviver socialmente.

Traz em seu corpo teórico métodos eficazes para o manejo dos grupos, e em sua ideologia, a ação como ferramenta de conhecimento e intervenção. O conhecimento se faz na ação, tendo como principal recurso a interação grupal. Seu maior desafio é reunir e integrar diversidades e trabalhar de forma a proporcionar a horizontalização do conhecimento. Favorece a organização social do grupo e o desenvolvimento das habilidades e competências para o papel profissional. É uma metodologia que exercita a capacidade de aprender acerca de sua própria aprendizagem.

A aprendizagem reconstrutiva (Demo, 1999), com base na ação vivida nos métodos já referidos, é marcada pela relação dos participantes e encara como desafio aprender mais do que ensinar, tendo como contexto a formação da competência humana para lidar com conflitos inesperados; tem como base central a idéia de formação de sujeitos criativos, capazes de se tornarem sujeitos de sua história própria, individual, e da coletiva. Esses métodos respondem a essas questões e as abarcam, tornando os conflitos mais saudáveis e menos injustos.

O sociodrama é considerado um paradigma de co-construção do saber, estabelecendo uma ponte criativa e co-responsável entre os participantes do grupo. É, portanto, um método psicopedagógico de trabalho que facilita a aprendizagem de papéis, idéias, conceitos, atitudes. Ele se apóia na ação e no conceito de espontaneidade, que são concebidos como resposta, própria do indivíduo e adequada às relações de seu contexto social. Apresenta uma proposta de transformação dos indivíduos e sistemas sociais. O protagonista da ação é sempre o grupo. Essa vivência dá ao participante o *status* de agente transformador, uma vez que os mitos, crenças e valores são construídos pela percepção do grupo, uma intersubjetividade (Marra, 2004).

O *role-playing* é um método empregado com o propósito de treinamento de papéis. Assim dizendo, seria assumir outras e novas formas de desempenho de papéis já estabelecidos ou em desenvolvimento. "Papéis que necessitariam de maior flexibilidade ou que serão introduzidos no repertório da pessoa." Pode ser usado, segundo Moreno (1983, p. 156), para a exploração e para a expansão do "eu" em um universo desconhecido. "Consiste em colocar as pessoas (atores) em várias situações – alheias à situação em que vivem e em vários papéis" (p. 157). Portanto, é como se fosse um "ensaio" para o enfrentamento de situações difíceis, causadoras de tensão, e uma preparação espontânea, criativa, para vivenciar situações inesperadas no futuro.

O *role-playing* é uma técnica que atende o teatro espontâneo, que, por sua vez, é "um veículo organizado para apresentação do drama do momento" (Moreno, 1983, p. 52). Nessa modalidade de trabalho, todos os participantes são atores, e um é agente terapêutico do outro. Cada ator terá que criar e desempenhar seu papel (personagem) de acordo com os acontecimentos. Não há *script* prévio, a referência indispensável é a história ou situação que o grupo decidiu contar. Por isso, precisa se liberar de formas estereotipadas de atuação. O enredo criado pelos atores torna-se uma resposta, que inteiramente atenda às necessidades do grupo. O enredo que se constrói traduz a dinâmica, a comunicação e revela a trama vivida por aquelas pessoas, dando uma solução que venha ao encontro de seus anseios e conecte-se aos objetivos propostos (Aguiar, 1998).

Todos esses métodos têm a finalidade de explorar a *psique* por meio da ação–reflexão–ação, numa perspectiva sempre presente de exercitar a espontaneidade–criatividade para o desempenho dos diversos papéis que cada pessoa tem no seu cotidiano. Como já afirmamos, os indicadores, produto da interação grupal, são pressupostos associados às vivências dos protagonistas, são conceitos organizadores da proposta metodológica que apresentaremos a seguir. As estruturas desses indicadores são tão dinâmicas quanto as ações que delas decorrem. Portanto, supõem uma proposta baseada na ação, na vivência do processo grupal. Atrás dos textos e das teorias estão os atores sociais em situação. Os atores apresentam, concomitantemente e co-implicitamente, em cada um desses atos e na assunção de cada novo papel, ou no desenvolvimento dos papéis, um processo de concepção para um novo momento e uma nova realização.

Assim, a capacitação dos interventores em audiências terapêuticas abrangerá três etapas, considerando a metodologia sociopsicodramática: aquecimento, ação dramática e compartilhamento.

A **PRIMEIRA ETAPA** compreende o aquecimento preparatório do ator – *locus nascendi* do papel de interventor.

É o local primário da experiência, o local do nascimento do papel que "lança a pessoa numa trilha de experiência ou, como digo freqüentemente, em um novo papel" (Moreno, 1972, p. 154). Possui uma proposta de preparação. Trabalhar a identidade de interventor significa facilitar a reflexão sobre suas experiências de vida, suas formas de se relacionar consigo e com os outros, possibilitando a busca e a definição clara de seu papel e a consolidação da relação explícita com seus complementares. É a ferramenta que promoverá a qualidade da interação.

A **SEGUNDA ETAPA** compreende a ação dramática – tempo – espaço – ambiente do ato criativo – *status nascendi* e a co-protagonização.

Representa a perspectiva de aperfeiçoamento. É a oportunidade de organizar suas experiências e saberes, uma vez que já os possui, mas que necessitam ser reciclados e incorporados a novas possibilidades de atuação para lhe dar maior flexibilidade nas situações imprevisíveis e promover a implantação da dimensão da audiência terapêutica. Entender e ampliar o conhecimento de questões específicas do seu objeto de intervenção trará maior compromisso com sua tarefa de interventor e defensor dos direitos dos cidadãos.

É o momento primário de uma criação e o período da concepção para o desenvolvimento de um processo. Tem uma proposta resolutiva, incluindo vários itens. Traz a dimensão da relação do cuidador com outros cuidadores. Implica a maneira como os interventores fazem a sua relação com outros interventores, como concebem e pensam a formação de redes sociais, estabelecem relações com outros sujeitos e fazem a sua ação–reflexão, e ainda, como garantem o reconhecimento de seu trabalho pelos parceiros.

A **TERCEIRA ETAPA** compreende compartilhar – a *matrix nascendi* da co-ação.

Essa etapa tem uma proposta reestruturadora e de aplicabilidade. É o espaço de interlocução com diversos complementares e parceiros e a perspectiva de multiplicação, devendo democratizar esse instrumento e implantar outros novos que ampliem a criatividade e a espontaneidade, e possibilitem a co-construção de novos paradigmas orientadores de novas estratégias.

METODOLOGIA

O processo de audiência terapêutica, após a etapa de preparação psicopedagógica, tem início com o envio dos autos pelo juiz para o Serviço Psicossocial Forense. Nomeados os profissionais dessa área, responsáveis pelos casos, ocorrerá a leitura individual dos autos. Estes contêm todos os elementos essenciais para a abertura do processo: petição inicial, contestações, testemunhas, comprovantes de renda, declarações, informações de mudanças de endereço, determinação do juiz, entre outros. Essa leitura dará oportunidade aos profissionais de realizarem uma programação, com base no levantamento da hipótese que norteará os atendimentos com os advogados e com a família.

Os profissionais, de posse do processo, iniciarão o seu trabalho convocando, por telegrama, toda a família de cada parte, esclarecendo a determinação do juiz. Esse documento deverá conter informações sobre data, horário e local do atendimento, esclarecimento sobre a presença da outra parte e sobre o fato de que o não-comparecimento poderá implicar comunicação ao juiz. Serão explicados para a família os procedimentos adotados para cumprir a determinação do juiz, estabelecendo o contrato de trabalho entre o profissional e a família. Concomitantemente, é enviado um telegrama para os advogados das partes, que serão atendidos em grupo ou individualmente pelos profissionais encarregados do caso, em momento diferente do atendimento à família. O objetivo do trabalho é explicado para o advogado desde o início do processo, para cuja preparação psicopedagógica ele é convidado a participar, caso não tenha participado ainda.

Nessa etapa da intervenção, a atuação do psicólogo e do assistente social, como mediadores e agentes de mudanças, é a de interagirem com a história das famílias, ajudarem a organizar essas histórias saturadas de sofrimento e avançarem, buscando transformações potenciais com efeitos muitas vezes imprevisíveis. O profissional precisa, para isso, preterir a postura de "senhor do saber" em detrimento do outro e assumir seu poder, para estar com o outro, com base na sua disponibilidade de se envolver nas questões individuais, familiares e institucionais (papéis, preconceitos, mitos, valores, limites e contradições) – que estão presentes tão fortemente não só na equipe como em todos por ela atendidos.

A partir daí, começa o vínculo entre família e profissionais. Isso é importante para que a intervenção possa ocorrer na busca de novas possibilidades de sair da crise. Esse encontro inicial servirá de base para outros que se fizerem necessários e é de extrema importância para que a família estabeleça vínculos de confiança e sinta-se apoiada pelos profissionais. Ela será preparada para entender a sua responsabilidade na decisão para, posteriormente, colaborar com o juiz, podendo, assim, vislumbrar saídas para a sua problemática.

Para isso, há de se considerar a busca da justiça como um pedido de ajuda trazido por todos da família, realizando simultaneamente a coleta de dados necessários para a confecção do parecer que será encaminhado ao juiz, efetuando intervenções respeitosas e diretivas, mas necessárias e dirigidas às mudanças.

A INTERVENÇÃO CONJUNTA

Caberá ao juiz encaminhar o processo ao setor psicossocial, fixando a data da audiência conjunta. A audiência é considerada o momento principal e definitivo de todo o processo.

O momento prévio para discussão psicossocial deverá acontecer de acordo com a previsão de cada magistrado. De posse do parecer psicossocial, o juiz inicia a discussão, utilizando o procedimento que julgar necessário. Nesse momento, sanam-se as dúvidas e levantam-se os aspectos relevantes colhidos na análise psicossocial.

O juiz administra a distribuição do espaço e do tempo da audiência, levando em conta a discussão prévia de cada caso em conjunto com os advogados e o psicossocial. A discussão deverá ser objetiva para a busca da compreensão da dinâmica da família e suas crises e, o mais importante, não devem ser consideradas como uma forma de rigidez e fechamento de fronteiras, mas como um momento muito especial para possibilitar a abertura da intervenção pelo sistema judicial. O juiz e os demais interventores deverão atuar para cuidar da dor trazida pelas famílias, a fim de torná-la uma força propulsora de transformação, tendo em vista que estamos tratando de vidas, de relacionamentos, de emoções, de estar com o outro e do desenvolvimento de competências e de soluções. Desta forma, o juiz chega à audiência com uma idéia provisória da situação da família, que depois ratificará ou retificará, considerando o contato com ela na audiência terapêutica. Ele terá elementos reveladores dos aspectos positivos da família, suas forças, seus efeitos e capacidades para construir ou reparar a organização familiar, tudo isso voltado para o crescimento razoável de todos, priorizando as necessidades das crianças ou adolescentes (Cárdenas, 1992).

CONSIDERAÇÕES FINAIS

A adequada preparação da família e dos interventores possibilita resultados favoráveis para se encontrar soluções para a problemática da família com o objetivo de produzir mudanças, priorizando o bem-estar das crianças ou adolescentes.

Como foi demonstrado, o propósito é fortalecer emocionalmente os interventores, colocando-os em melhores condições para oferecer ajuda aos membros da família no momento da audiência, à medida que se processa efetivamente a conjugação de esforços em atuação interdisciplinar. Espera-se, portanto, que as famílias se sintam à vontade para falar ao juiz, no momento da audiência, a respeito de suas expectativas, de suas dores e revelem fatos importantes, atendendo, assim, ao propósito da audiência de reunir elementos para subsidiar a decisão.

O trabalho interdisciplinar, com todos os interventores conectados num pensamento de ajuda como descrito, inicia-se com a família em crise, pedindo ajuda na justiça, e fecha o círculo de intervenção terapêutica na rede social de apoio.

REFERÊNCIAS BIBLIOGRÁFICAS

AGUIAR, M. *Teatro espontâneo e psicodrama*. São Paulo: Ágora, 1998.

CÁRDENAS, E. J. *La familia y el sistema judicial – Una experiencia inovadora*. Buenos Aires: Emecé Editores, 1988.

CÁRDENAS, E. J. *Familias en crisis: intervenciones y respuestas desde un jusgado de familia*. Buenos Aires: Fundación Retoño, 1992.

DEMO, P. *Avaliação qualitativa: polêmicas do nosso tempo*. Campinas: Autores Associados, 1999.

FURNISS, T. *Abuso sexual da criança – Uma abordagem multidisciplinar*. Porto Alegre: Artes Médicas, 1993.

MARRA, M. M. *O agente social que transforma. O sociodrama na organização de grupos*. São Paulo: Ágora, 2004.

MORENO, J. L. *Psicodrama*. São Paulo: Cultrix, 1972.

________. *Fundamentos do psicodrama*. São Paulo: Summus, 1983.

RIBEIRO, R. "Reflexões pós-modernas acerca do psicólogo no contexto da Justiça". In: LIMA, H. D. L. (org.). *Construindo caminhos para a intervenção psicossocial no contexto da Justiça*. Brasília: Tribunal de Justiça do Distrito Federal e Territórios, 2003.

SUDBRACK, M. F. O. *Psicólogos no contexto da Justiça: agentes de controle ou mudança?* Texto didático do Curso de Extensão Universitária: Abordagem da família no contexto judicial. Brasília: UnB, 1998.

VASCONCELOS, M. J. de E. *Pensamento sistêmico*. Campinas: Papirus, 2002.

O TODO NAS PARTES: PSICODRAMA COM GUARDAS MUNICIPAIS

5

LUIZ CONTRO

A coordenação de médios e grandes grupos, quando diz respeito a equipes institucionais/organizacionais, encontra quase sempre dificuldade logística de ser viabilizada. Ainda mais ao se tratar de processo em vez de ato de intervenção. Uma alternativa, explorada neste capítulo, seria realizar encontros em diferentes etapas, com unidades previamente constituídas, como modo de atingir o todo de um agrupamento.

As discrepâncias entre encomenda e demanda (a se configurarem no andamento da empreita), a micropolítica das relações de poder (englobando aqui a legitimidade de poder necessária ao coordenador num tipo de proposta como essa) e questões sobre a organização do processo de trabalho compõem os temas abordados, permeados por leituras da sociodinâmica do grupo em questão.

A CONSTITUIÇÃO DA EQUIPE

Assessorando a Prefeitura Municipal de Campinas, SP, em trabalhos com equipes de funcionários, no período de 2001 a 2004, fui procurado nos primeiros dias dessa minha função por algumas integrantes do quadro da Coordenadoria Setorial de Capacitação, Avaliação e Integração, inserida no Departamento de Desenvolvimento de Recursos Humanos. Uma encomenda lhes havia sido feita por parte do gabinete da prefeita e da diretoria da Administração do Paço Municipal para que criassem algum tipo de treinamento com os guardas que lá trabalhavam. A queixa, muito clara, resumia-se à visão de que eles estavam desmotivados.

Somava-se a esse pedido a instrução dada por um membro do gabinete da prefeita, a quem eu prestava contas, de que a coordenadoria composta por servidores públicos concursados, e não psicodramatistas, deveria me procurar para estruturarmos, conjuntamente, propostas para essa e outras futuras solicitações.

Eu, um assessor desconhecido deles – embora contratado por e para quesitos técnicos, não filiado a nenhum partido político – inevitavelmente trazia, aos olhos daquelas pessoas, a representação da agremiação que havia recentemente assumido o poder. O fato de ter sido funcionário público por quase dez anos e passado por transições de diferentes governos (como a que eles estavam vivenciando) com participação em algumas intervenções institucionais como psicodramatista (por meio das quais aprendi a considerar de suma importância os momentos iniciais da estruturação de um projeto dramático)[1] contribuiu para que eu estivesse muito atento a essa nossa conversa inicial. A política partidária e as disputas por poder provavelmente estariam presentes nas micropolíticas das relações.

Com esse pano de fundo, retomamos nossa primeira reunião. Segundo a encomenda e a instrução dada, três profissionais da coordenadoria esboçaram um projeto e, a seguir, nos encontramos. Numa das etapas pensadas, haveria uma dramatização "para que fosse um treinamento mais dinâmico". Meu papel seria dar algumas sugestões sobre tal drama-

1 Ver o capítulo "Entre encomendas, demandas, implicações e projetos dramáticos", em Contro (2004).

tização. Convenhamos que se tratava de roteiro um tanto distante da idéia de articulação conjunta.

Na condição de novo morador que chega a uma casa já há muitos anos habitada, perguntei mais detalhes dos motivos para haver uma dramatização inserida naquele esboço. Na verdade, já era um tanto evidente que fora uma maneira de contemplar a instrução vinda do gabinete e, ao mesmo tempo, de resguardar formas de treinamento já conhecidas pelos profissionais. Mas não tínhamos um vínculo construído que nos permitisse jogar com franqueza. Fomos instruídos a morar juntos por um terceiro, membro do gabinete, e estávamos observando nossos costumes e crenças, nossos movimentos iniciais. Da varanda, pude contar um pouco sobre as potencialidades de uma dramatização, da necessidade de melhor articulá-la com as outras etapas, dentro do que até então estava sendo denominado por treinamento, e até mesmo sobre a viabilidade ou não de utilizá-la. Primeiro, os objetivos, em seguida, os instrumentos. Sugeri, então, de acordo com a disponibilidade, que pensássemos juntos sobre o delineamento feito desde o início. Já na sala de estar, pude dizer que vim para somar, fazendo parte da equipe nos processos em que pudéssemos estar juntos. Algumas reuniões a mais, e minha escova de dentes já tinha um lugar no armário do banheiro.

NOSSO REPLANEJAMENTO

Eram quarenta e cinco guardas municipais lotados no Paço Municipal. Trabalhavam em turnos. Como já dito, a queixa central da equipe que os coordenava foi de que estavam desmotivados e que era preciso um treinamento. Conversamos, então, sobre a necessidade de conferir essa encomenda, pois fora fruto da conclusão de quem, inevitavelmente, estava também envolvido no processo. Ouviríamos guardas e diretores para construirmos um mapeamento mais acurado.

Diante da sugestão de que por meio da dramatização de cenas cotidianas do trabalho, poderíamos realizar essa cartografia, algumas questões da parte dos integrantes da coordenadoria se explicitaram: será que os guardas, acostumados a uma rígida disciplina, topariam e conseguiriam montar cenas? Caso conseguissem, estariam à vontade para retratar sua não motivação anunciada?

A idéia de um imprescindível aquecimento, para promover o envolvimento dos participantes na atividade, como referência para o bom desenvolvimento de uma dramatização, foi informação necessária para vislumbrar um caminho a ser trilhado, mas não suficiente para que minhas parceiras se sentissem em condições de conduzir o trabalho. Concluímos que uma delas, Maria Cristina de Siqueira, estaria comigo nesses encontros, uma vez que havia outras demandas das quais a equipe devia dar conta. Montamos quatro grupos com cerca de onze integrantes cada, em períodos e dias diferentes, para checarmos o que havia sido proposto. Posteriormente, nos encontraríamos com a diretoria do Paço Municipal para também termos um levantamento mais pormenorizado da queixa apresentada. E, de posse desse detalhamento de ambos os lados, teríamos mais condições de propor algum tipo de intervenção, encaminhamento, confirmar ou não a necessidade do treinamento.

A PRIMEIRA RODADA COM OS GUARDAS[2]

Como a grande maioria deles já se conhecia e tinha um bom tempo de convivência, pedir que nos apresentassem uns aos

2 Essa descrição refere-se, no geral, ao acontecido com os quatro grupos.

outros, acabou criando um clima descontraído no qual foi possível que contassem algumas situações peculiares, apelidos, singularidades, já delineando uma história grupal. Com isso, começamos a construir ou retomar uma grupalidade existente e a distanciá-los do estado de agrupamento em que a individualidade preponderaria.

O segundo passo, também fundamental, foi ajustarmos nossas expectativas: que idéias tinham sobre o objetivo de estarmos juntos naquele momento? Como foi feita a convocação e sobre quais justificativas? O que estavam imaginando a respeito do que propunha aquela atividade? Em todo trabalho grupal, a tentativa de equalizar as diferentes perspectivas sobre as metas a serem alcançadas, que a princípio podem-se supor comuns, é condição significativa, no mínimo, para se caminhar numa mesma direção.

Esse cuidado pode encontrar maneira interessante de ser contemplado quando utilizamos o conceito de restituição (Lourau, 1993, p. 51). Percorrer a trajetória feita desde o início da gestação da proposta, seus desdobramentos, a maneira como se deram os contatos e contratos, até o momento do início da atividade pensada para executá-la, é uma forma de se cartografar o nascimento e o desenvolvimento do projeto em questão até o ponto no qual se encontra e, desse modo, identificar as possíveis concepções que poderiam colocar em risco a viabilidade do trabalho. Nesse tipo de processo aqui descrito se faz ainda mais premente nos utilizarmos da restituição. Como os integrantes foram chamados a participar por ordens superiores, ou seja, não co-gestaram a empreitada, retomar os objetivos e, na verdade, estabelecer um projeto comum foi crucial. Alguns descaminhos de comunicação, diferentes impressões causadas, fantasias suscitadas e outras intercorrências que habitavam a trajetória grupal até nosso contato com os guardas, puderam evidenciar-se e ser cuidados. Dentre eles, e já se constituindo como elemento a reforçar a percepção da diretoria, aumentava a desconfiança de que um trabalho como aquele, a que estávamos nos propondo, pudesse transformar alguma coisa da condição de funcionários públicos descrentes há muitos anos no reconhecimento e na valorização. Para isso, reafirmamos nossa disponibilidade e incentivamos mais essa tentativa da parte deles. Na verdade, não tinham outra escolha a não ser participar. Por isso mesmo, esse tema da descrença retornaria durante o trabalho, como veremos.

A seguir, ainda dentro do mesmo encontro, os guardas subdividiram-se em três grupos e conversaram sobre cenas comuns do seu cotidiano profissional. Ao saberem da instrução para que, em cada subgrupo, escolhessem uma das cenas para "representar", reagiram com timidez, duvidando de sua capacidade de dar conta do proposto, como muitas vezes acontece em trabalhos com equipes institucionais como esse. O temor apresentado pela equipe de capacitação em nosso planejamento ganhava, naquele instante, razão de ser. Bastou, no entanto, pequenos estímulos para que experimentassem e que, minutos depois, fossem tomados pela empolgação de serem esse ou aquele personagem, brincando com caricaturas, exageros, imaginando a reação de seus colegas de outros subgrupos ao identificarem situações por eles também vividas.

Esse é um dos momentos desse tipo de trabalho, quando acontece, de que mais gosto. O tom de voz aumenta, as expressões se potencializam, o envolvimento atinge um ápice. É o manifesto da criação coletiva.

Apresentadas as cenas, algumas vezes escolhemos uma para explorar um pouco mais; outras para um compartilhar e para os posteriores comentários, buscando sempre o mapeamento de questões do processo de trabalho que, aos seus olhos, necessitavam de transformações. Nos quatro grupos dos diferentes períodos, os temas apresentaram uma ou outra diversidade, mas no geral se repetiram: a desvalorização do papel do guarda, sentindo-se subutilizados (eles não tinham um maior conhecimento do interior do prédio, por exemplo, sobre o sistema hidráulico e elétrico, não sabiam nem mesmo onde ficava o hidratante mais próximo); a falta de informação dos funcionários da prefeitura quanto a procedimentos de segurança; a falta de informação aos guardas para orientar os contribuintes; ausência de um local apropriado para trocarem de roupa e fazerem suas refeições (comiam em uma sala minúscula onde cabiam três pessoas sentadas; a mesa era uma chapa de divisória em cima de dois cavaletes; essa sala ficava ao lado do banheiro, dentro do qual estava a pia onde os talheres e os pratos eram lavados); o desrespeito que sentiam por causa de atitudes de algumas autoridades que desrespeitavam algumas regras; o número de guardas não era suficiente para uma boa segurança do prédio; trabalhavam desarmados; o sistema de fechamento do estacionamento externo era manual, e o guarda ficava dentro de uma guarita, tendo de manusear uma corrente para controlar a entrada dos carros, o que algumas vezes já havia provocado acidentes; trabalhavam como ascensoristas nos finais de semana ou atendendo telefone na recepção (o que era um desvio de função) e sentiam-se desvalorizados também por isso. Tinham de lidar com o conflito de que a Constituição permite a entrada e saída de quem quiser nos prédios públicos (argumento apresentado por muitos munícipes), mas, ao mesmo tempo, a responsabilidade pelo fato de algo indesejado acontecer era deles. O tema protagônico, no entanto, sendo também responsável por muitas dessas outras questões levantadas, era a tensão no relacionamento com a administração do Paço Municipal.

Queixavam-se da falta de espaço para discutir sobre as dificuldades vividas e as alternativas que poderiam sugerir. A subutilização de suas capacidades seria uma maneira de mantê-los limitados, coagidos. Argumentavam que existia uma relação bastante autoritária.

Como as cenas e comentários já enunciavam algumas alternativas relacionadas àqueles problemas levantados, incorporamos mais essa etapa em nosso procedimento. Não só estávamos fazendo um levantamento das dificuldades mas também exercitando o vislumbre de possíveis encaminhamentos resolutivos.[3] Dentre eles: necessidade de haver mais reuniões com o responsável pelo Paço Municipal para trocar informações sobre o serviço; a guarita externa deveria ter vidros fumê (questão de segurança) e cancela apropriada; os funcionários deveriam usar crachás, facilitando a identificação; deviam trazer autorização para trabalhos fora do expediente; resolver as questões de logística citadas; informatizar todos os serviços possíveis; gostariam de conhecer o secretário da administração a quem o diretor do Paço Municipal prestava contas; providenciar visitas de um engenheiro de segurança na guarita, da vigilância sanitária no refeitório, do diretor do Paço no refeitório e sanitário.

No próximo passo, que daríamos nos encontros com a administração do Paço (estabelecidos por ocasião da conferência de expectativas feita no início de cada reunião), os guar-

3 Essa dupla função desse tipo de atividade, aliás, é um princípio caro, vindo a contribuir como um dos subsídios à estruturação da proposta dos Grupos de Apoio ao Processo de Trabalho (Contro, 2004, p. 154). Mais do que acreditar, foi se confirmando o fato de que as equipes de trabalho, melhor do que alguém de fora, sabem, não só das suas dificuldades mas também de alternativas para solucioná-las. Basta um tempo/espaço coordenado para que, por meio das dinâmicas utilizadas, estruturem propostas e, caso consigam implementá-las, se fortaleçam como grupos sujeitos.

das pediram a presença dos monitores (cada turno era coordenado por um guarda, identificado como monitor). Fizemos uma contraproposta de que manteríamos essa segunda rodada, como anteriormente previsto, para ouvir a "outra parte", incorporando o pedido deles para um terceiro momento, o que foi aceito. Em outras palavras, o processo se encaminhara para uma negociação sobre os pontos levantados, sendo o pedido deles que fôssemos os mediadores. Mas, para chegar a isso, tivemos que dar conta do grau de descrença, anteriormente citado, que ainda persistia. Qual era, na realidade, o nosso poder, como coordenadores do processo, para que efetivamente uma negociação com possibilidades de mudança pudesse acontecer?

Essa foi a questão levantada por eles, que, sem dúvida, tocava num ponto central. Já estavam cansados de treinamentos motivacionais, de dinâmicas que visavam melhorar ou desenvolver suas aptidões. Estávamos todos nos apropriando de suas condições de trabalho que, por maior que fosse a motivação, não contribuiria em nada para uma disposição positiva da parte deles. Articulado ao fato de não existir um bom relacionamento entre eles e a chefia imediata, compunha-se um quadro nada animador. O questionamento mais direto dos guardas fez-me ver, com maior clareza, a posição que ocupava naquele grupo: eu era um assessor ligado diretamente ao gabinete da prefeita, sendo contratado para lidar com questões como as que foram levantadas, com os processos de trabalho das equipes, o que incluía as relações interpessoais pertinentes. Havia, sim, uma legitimidade institucional que respaldaria e viabilizaria transformações identificadas como necessárias.

Esse é um nó com que deparamos quando trabalhamos com equipes em instituições dos mais variados tipos. Nossa inserção, como consultores externos, dependendo logicamente do tipo de contrato estabelecido, é feita num ponto específico, nas bordas, sem estarmos imbuídos de algum tipo de legitimação que nos permita avançar em benefício de mudanças, por vezes, estruturais. Sendo diferente, no caso em questão, pudemos prosseguir.

ENCONTRO COM A ADMINISTRAÇÃO DO PAÇO

Também aqui restituímos o caminho desde a encomenda feita. A demanda parcial, a que apareceu nos encontros com os guardas, no entanto, só foi abordada nas reuniões de intermediação entre as partes. Agora, utilizaríamos nosso instrumento para esse novo mapeamento das dificuldades percebidas bem como sobre as sugestões de encaminhamento.

Foi uma reunião difícil pelo fato de que o diretor, sentado à cabeceira da mesa e estabelecendo sozinho a pauta do nosso encontro, discorreu sobre suas insatisfações: "os guardas têm dificuldade em trabalhar desarmados; são dispersos, não prestam atenção às pessoas que entram e saem do prédio, mesmo se carregarem bolsas ou pacotes volumosos; não gostam de receber ordens; não querem fazer alguns serviços por acharem que não são os de segurança (como fazer a ronda no prédio, desligar computadores, apagar luzes etc); trabalham de forma displicente, estão constantemente conversando em grupos, o que significa que algum ponto está, necessariamente, desprotegido". A alternativa vislumbrada seria o treinamento que ele havia pedido, no que era endossado pelos três ou quatro outros integrantes de sua equipe.

Tivemos, com base nessa exposição, quase que resgatar nosso papel de coordenadores do processo, mostrando a necessidade do uso de uma dinâmica para "ampliar nossa coleta de dados". O grupo se debruçou sobre a tarefa de, na mesma linha implementada com os guardas, pensar em cenas do seu cotidiano de trabalho. Elegeram uma em que um político famoso, não por acaso membro do partido que havia assumido o poder municipal, chegava ao elevador do Paço, fora do horário de trabalho, e exigia ter acesso sem qualquer identificação ou autorização. Seu confronto com o guarda responsável e as consultas que este fazia pelo rádio à equipe da administração era o conflito central. Uma cena simples, mas significativamente simbólica das relações de poder de que necessitavam se apropriar e que permeavam toda a instituição naquele momento; mais especificamente, no nosso foco em questão, a que ocorria entre essa equipe e os guardas.

Além da representatividade da cena escolhida, o seu desenvolvimento pelos participantes foi de extrema importância. Ao assumirem os papéis e contracenarem – invertendo, vendo-se por espelhos e se articulando como grupo para chegarem a um desfecho cênico – puderam entrar em contato com percepções e sensações que os levaram a novas perspectivas até então não identificadas. O diretor do Paço pôde, no papel de guarda, se sensibilizar um pouco mais sobre algumas dinâmicas do processo de trabalho dessa categoria e trocar sua indisponibilidade para um trato com maior eqüidade. A crença de que tratá-los com autoritarismo seria a melhor forma de obter respeito deles, fruto da insegurança de incorporar um papel que lhe era novo, começava a cair por terra. Aparecia a idéia de que estávamos, todos nós no mesmo barco. Num começo de governo, o cenário era composto por papéis que estavam sendo estruturados, novos atores, um enredo emergente e a ser construído. Buscávamos nossos lugares, nossos projetos e metas, nossos interlocutores. Por vezes, como na inter-relação que estamos descrevendo, o totalitarismo, velho habitante de nossas relações institucionais, era sacado como a atitude não espontânea para lidar com o inusitado e desconhecido.

A dramatização, provocando o ato de "baixar a guarda com os guardas", da parte do diretor, fez também que eu me desse conta do quanto estava contaminado pela fala dos funcionários, torcendo para que suas necessidades fossem atendidas. As informações que recebemos sobre o autoritarismo da chefia foram confirmadas por nós mesmos, mas não justificavam o fato de que, no papel de coordenador de um processo de negociação, eu fosse tendencioso, sob o risco de comprometer seu andamento. Tirando as vestes totalitárias, o homem-dirigente, mais humanizado, pôde aparecer, possibilitando-nos maior compreensão da sociodinâmica em curso e equalização do peso de meu papel.

Nesse clima mais favorável, passou até mesmo a ser desejável, por eles, o seguinte procedimento: reunirmo-nos com representantes dos grupos dos guardas para lidarmos com as tensões existentes.

Encontros entre guardas e administradores

Representantes dos quatro subgrupos dos guardas, com os quais trabalhamos na etapa inicial, um comandante da corporação[4], quatro integrantes da administração do Paço Municipal, Cristina e eu compusemos esse grupo que se reuniu por três ou quatro vezes. Reconstituímos novamente o processo transcorrido até ali para que ficássemos todos no mesmo pé de igualdade em informação e retomássemos um comprometimento com a tarefa. Expusemos nossa análise do que estava acontecendo, realçando que a questão central seria lidar com a dificuldade de comunicação, com tensões e pontos cegos existentes na interação entre guardas e administração. Elaboramos conjuntamente pontos de pauta a serem tratados.

4 Apesar de estarem lotados no Paço, os guardas também respondiam a uma hierarquia municipal externa da corporação.

Como coordenador por vezes fui incisivo em destacar aspectos conflitantes que se evidenciavam, dos quais o grupo arranjava alguma forma de se livrar. Até mesmo minha parceira se incomodava com o que emergia e reproduzia essa dinâmica instaurada, o que nos fez trocar alguns olhares (da minha parte, de reprovação). Pudemos rir dessa cena, alguns anos depois, quando ela apresentou o trabalho de conclusão de curso de especialização em sociopsicodrama, o que ocorreu alguns meses depois desse processo vivenciado por nós.

Resumidamente, saliento que o encaminhamento mais significativo foi sensibilizá-los para a necessidade de se organizarem num tempo/espaço em que se encontrassem regularmente e discutissem questões tão pertinentes a ambos os grupos, o que passou a ser incorporado. Retomando a cena entre o guarda e a pessoa da administração para resolver o problema de um figurão querendo entrar de forma impertinente, pudemos, entre outros exemplos, reforçar a premência de um trabalho mais articulado entre ambas as partes. A idéia da construção conjunta, abraçada pelos participantes, foi um caminho para rechaçar a falta de integração. Nessas nossas reuniões, pudemos vivenciar a concretização dessa nova perspectiva, pois por meio dela definiram-se formas e prazos para as reformas dos vestiários e a implementação de uma cancela na guarita, por exemplo – o que veio a se realizar, juntamente com outras medidas estudadas. Como o grupo mostrou-se em sua maneira de funcionar com articulação desejável, compreendemos que o processo por nós coordenado havia cumprido seu papel. Colocamo-nos à disposição para contribuir, caso houvesse futuras dificuldades que não dessem conta no espaço entre eles agora institucionalizado.

FINALIZANDO

Retomando o percurso aqui descrito, saliento o fato de que não necessariamente a encomenda feita corresponde à real demanda. Esta só pode ser identificada à medida que a intervenção tem início e se desenvolve. Nesse relato, o pedido de treinamento se revelou como modo de afirmar que quem precisava alterar suas atitudes seriam os guardas, quando na verdade a não-motivação neles identificada era fruto de precárias condições de trabalho. E essas, por sua vez, eram sintomas da desarticulação entre as equipes. Portanto, há que se verificar a ligação entre a encomenda feita e a real demanda.

Outro aspecto a se considerar é a legitimidade necessária para que um tipo de processo como esse possa se desenvolver. Podemos e devemos conquistar o outro pelo modo como entramos na sua casa e pela contribuição que demonstramos ser capazes de dar; a legitimidade, pelo seu atributo em termos legais, de representatividade oficial, de poder de intervenção, como vimos nesse caso, é necessária. Algumas mudanças estruturais efetivas somente se viabilizam se o obtido por meio de nossas dinâmicas de intervenção tiver um encaminhamento prático com força suficiente para se realizar. Não sendo possível esse tipo de legitimidade, creio que, no mínimo, seja importante que tenhamos clareza do jogo de forças estabelecido, que se estabelece ao passarmos a compor o grupo, como nos fundamentam os pressupostos da matriz de identidade. Por meio desses registros dinâmicos que visualizamos, podemos nos localizar nas potências e limites e, desse modo, vislumbrar o alcance que nossa participação pode ter. Essa leitura do mapa das micropolíticas das relações, no qual estamos nos inserindo, pode nos localizar melhor quanto às formas de contrato que queremos, podemos e devemos estabelecer.

Por outro lado, essa leitura muitas vezes mostra-se possível somente com a metodologia em andamento ou até mesmo finalizada, o que, no entanto, não exclui a tentativa de manter o olhar atento desde as etapas primeiras, quando as encomendas nos são feitas. Mesmo porque, o instrumental psicodramático oferece potentes ferramentas para se cartografarem e promoverem transformações nas inter-relações e nos processos de trabalho dos grupos.

Além da já conhecida idéia de caixa de ressonância, a reverberar mais fortemente quanto maior for o grupo, uma vantagem de com ele lidar seria: a diversidade na amostragem a que podemos ter acesso sobre o tema pesquisado é maior em relação a grupos menores, dando-nos mais elementos por meio dos quais podemos nos guiar.

Por fim, no caso de grupos de trabalho institucional/organizacional, como o aqui descrito (em que a impossibilidade de agrupar todos num mesmo período é fato corriqueiro) creio que a maneira encontrada de viabilizar, além de não comprometer, fez com que pudéssemos seguir por partes, sem deixar de trabalhar o todo, dentro do nosso universo considerado.

REFERÊNCIAS BIBLIOGRÁFICAS

CONTRO, L. *Nos jardins do psicodrama – Entre o individual e o coletivo contemporâneo*. Campinas: Alínea, 2004.

LOURAU, R. *Análise institucional e práticas de pesquisa*. Rio de Janeiro: Uerj, 1993.

PROJETO EMPREENDEDOR LOCAL

DANIELA NOGUEIRA GREEB

6

O PROJETO

O Projeto Empreendedor Local foi uma experiência de cidadania e empreendedorismo do Programa Começar de Novo, um dos componentes do eixo redistributivo da estratégia paulistana de inclusão social durante a gestão da Prefeitura de São Paulo, entre 2001 e 2004, responsável pelo combate à exclusão de pessoas desempregadas há mais de seis meses, com 40 anos ou mais, pertencentes a famílias de baixa renda, cujos membros tivessem rendimento bruto mensal *per capita* igual ou inferior a 50% do salário mínimo nacional vigente, residentes e domiciliadas no município de São Paulo há dois anos ou mais.

O programa conferiu especial atenção à aquisição de competências e à ampliação de habilidades para a inclusão social de seus beneficiários, por meio da melhoria das condições de vida e criação de melhores oportunidades de trabalho. Foram priorizadas ações nas áreas da educação (ampliação da escolaridade), da tecnologia (inclusão digital) e da capacitação ocupacional em geral. Os participantes do programa receberam, durante o prazo de seis meses, auxílio no valor de até 100% do salário mínimo nacional vigente, seguro de vida coletivo e subsídio para despesas de deslocamento na prática das atividades de capacitação previstas. Estas foram realizadas com base em parcerias estabelecidas entre as instituições não-governamentais, Unesco e Prefeitura Municipal de São Paulo, por intermédio da Secretaria de Desenvolvimento, Trabalho e Solidariedade. O Programa Começar de Novo foi desenvolvido pelas organizações não-governamentais em dois módulos: básico e específico.

A equipe do Instituto de Políticas Relacionais (Oscip – Organização da Sociedade Civil de Interesse Público) foi uma das parceiras não-governamentais da Prefeitura e da Unesco no programa que elaborou e desenvolveu o Projeto Empreendedor Local.

Esse projeto foi realizado por meio de um curso cujo objetivo foi contribuir para a elaboração, implementação e avaliação de projetos locais, de interesse coletivo e público, sendo desenvolvido na comunidade e apresentado para os parceiros locais (organizações sociais, públicas e privadas), tendo como meta final a geração de renda para o desenvolvimento comunitário.

Nós, equipe do Instituto de Políticas Relacionais, trabalhamos com grupos, que é o lugar no qual as pessoas podem se posicionar, discutir e produzir novas soluções, estimulamos a criação de um espaço para que as diferenças apareçam e os conflitos sejam evidenciados, provocando um constante questionamento de nossas ações. Disparamos, assim, movimentos de reflexão e flexibilidade, fortalecendo o exercício da cidadania e a formação de redes. Nosso desafio com o projeto foi o desenvolvimento de atividades caracterizadas como Formação Cidadã e de Capacitação Ocupacional e Aprendizagem em Atividades de Utilidade Coletiva em Empreendedorismo Local para 284 alunos nas regiões periféricas, localizados nas subprefeituras da cidade de São Paulo, distribuídos em oito turmas, sendo: uma turma de 34 alunos em Aricanduva, duas turmas de 35 participantes em Pirituba e cinco turmas de 36 alunos na Vila Maria/ Vila Guilherme. O curso foi realizado localmente duas vezes por semana, cada aula de quatro horas, sendo oito horas semanais. Nossos objetivos foram capacitar os alunos para:

- construir as relações do grupo com base em seu talento para promover os direitos humanos, para a representação democrática e cidadã e a participação em iniciativas voltadas à qualificação das condições de vida do bairro;
- propiciar a construção de informações e conhecimentos sobre a realidade social, cultural e econômica que contribuam para o diálogo dos alunos sobre seu bairro, região e sua cidade com o poder público;
- construir uma parceria dos alunos com os espaços públicos, fortalecendo-os como espaços de referência e de apoio à própria comunidade para a continuidade do projeto;
- oferecer subsídios para elaboração, implementação e avaliação de ações, por meio do desenvolvimento de projetos empreendedores locais de interesse coletivo e público, visando à geração e ocupação de renda para o próprio grupo;
- apresentar seus projetos para parceiros (instituições privadas e públicas, organizações da sociedade civil, tais como movimentos, conselhos, ONGs e outros) para a efetiva realização do desenvolvimento comunitário.

PERFIL DOS ALUNOS BENEFICIÁRIOS

Adiante relacionamos alguns dados referentes aos 238 alunos presentes no dia da aplicação do questionário:

- **GÊNERO:** 186 são do sexo feminino e 52, do sexo masculino.
- **ESCOLARIDADE:** a maioria, 172 alunos, cursou o ensino fundamental, mas não o completou (da 1ª a 8ª série), 26 não

são alfabetizados, 19 concluíram o ensino fundamental, 6 cursaram o ensino médio, mas incompleto, 1 concluiu o ensino médio, 3 são formados em cursos técnicos e 11 não especificaram sua escolaridade.

- **FAIXA ETÁRIA:** 68 alunos têm entre 46 e 50 anos, 68 entre 50 e 55 anos, 59 acima de 56 anos e 43 alunos entre 40 e 45 anos.
- **RENDA MÉDIA:** as famílias são compostas por quatro pessoas, em média, com uma renda familiar de R$ 400, sendo a renda *per capita* R$ 70.

METODOLOGIA

O Projeto Empreendedor Local foi desenvolvido por intermédio de atividades realizadas em dois módulos:

MÓDULO BÁSICO: formação cidadã, com base na construção do grupo para o levantamento de diagnósticos da realidade, direitos humanos e exercício cotidiano da cidadania para a participação em espaços de gestão democrática e políticas públicas como estratégias de desenvolvimento de inclusão social.

MÓDULO ESPECÍFICO: elaboração de projetos empreendedores, com base nos indicadores e instrumentos de avaliação que os alunos implantaram durante o curso, supervisionados pelos facilitadores. Os alunos aprofundaram uma temática selecionada pela turma em função da realidade local e de seus interesses coletivos, para o desenvolvimento socioeconômico e cultural local, com alternativas de geração e ocupação de renda para a inclusão no mercado de trabalho. O próprio projeto foi elaborado pelos alunos e transversalizado pelas temáticas num movimento de ação e reflexão sobre participação social, democracia, políticas públicas, geração de renda, conflitos e negociação.

Programa das atividades realizadas dentro e fora da sala de aula:

MÓDULO BÁSICO DE FORMAÇÃO CIDADÃ	CARGA HORÁRIA
Bloco I • Começar de novo é possível!	8h
Bloco II • Reconhecimento dos talentos	20h
Bloco III • Ética é cidadania	12h
Bloco IV • Realidade local: bairro, distrito, subprefeitura, cidade de São Paulo – conhecer para transformar.	16h
Avaliação e encerramento	4h
MÓDULO ESPECÍFICO DE CAPACITAÇÃO OCUPACIONAL EMPREENDEDOR LOCAL	**CARGA HORÁRIA**
Bloco I • Elaboração do Projeto Empreendedor Local	40h
Bloco II • Participação social, democracia e políticas públicas	20h
Bloco III • Geração de renda: limites e possibilidades	24h
Bloco IV • Apresentação dos projetos para a comunidade	8h
Bloco V • Conflitos e negociação com parceiros	20h
Bloco VI • Avaliação geral	4h
Bloco VII • Encerramento do curso	4h
TOTAL	**180 horas**

Como dizia Gandhi, "A paz é o caminho"; é por aí que a metodologia do psicodrama foi facilitadora para dar visibilidade ao caminho, indicando que ele não é uma linha reta e que há curvas tortuosas num processo de desenvolvimento de trabalho em grupo. O grupo é autor e ator da cena, como na vida. O objetivo mais amplo dessa metodologia foi disparar um movimento de uma população que assumisse a responsabilidade de seus atos e socializasse seus conhecimentos em rede, criando, portanto, uma nova relação, Estado–Servidor–Cidadão na cidade.

Os princípios metodológicos que adotamos foram apoiados numa perspectiva dialógica e crítica, voltados à reflexão do aluno para o exercício de sua cidadania: problematização, discussão e não-imposição de valores dos profissionais, estabelecimento do "contrato didático", ou seja, das regras que permearam as relações nos grupos nas dramatizações, dinâmicas, discussões, vivências, planejamento de oficinas temáticas, palestras, depoimentos, diálogos com os alunos e movimentos organizados locais.

ATIVIDADES TEÓRICAS E ATIVIDADES PRÁTICAS

Oficinas temáticas, palestras, vídeos, discussões em grupos depoimentos e visitas foram vivenciadas e planejadas por intermédio de dinâmicas de grupos, referenciadas em cada bloco, para desenvolver continuidade e apreensão de conteúdos.

Os temas abordados tiveram como eixo condutor a metodologia do psicodrama que garantiu o empreendedorismo local.

Entendemos o psicodrama como parte integrante do projeto socionômico, de Jacob Levy Moreno[1]. A socionomia é a ciência das leis sociais e das relações: "A socionomia é caracterizada fundamentalmente por seu foco na interseção do mundo subjetivo, psicológico e do mundo objetivo, social, contextualizando o indivíduo em relação às suas circunstâncias". (Extraído do site www.febrap.org.br)

O método consiste em entrar dramaticamente em contato com as situações e extrair delas aquilo que sua natureza permite e que ainda não foi explorado. Isso ocorre por meio de exercícios e jogos, nos quais acontece a descoberta de

1 Jacob Levy Moreno formou-se em medicina em 1917. Interessou-se pelo teatro, no qual, segundo ele, "existiam possibilidades ilimitadas para a investigação da espontaneidade no plano experimental". Fundou, em 1921, o Teatro Vienense da Espontaneidade, experiência que constituiu a base de suas idéias da psicoterapia de grupo e do psicodrama.

tendências de mudança que a própria situação está pedindo e as pessoas não estão percebendo. Trabalha-se então essas tendências, colocando o grupo em contato com o inusitado para que conquiste um movimento relacional espontâneo com a nova situação.

Como aconteceram os encontros?

É importante que haja um espaço físico adequado que possibilite o desenvolvimento da metodologia proposta: as cadeiras devem ser soltas, em forma de círculo, de maneira que todos os participantes possam ver-se, o que facilita a aprendizagem em grupo.

As etapas:

AQUECIMENTO INESPECÍFICO: É o momento da percepção do todo, é a grande angular em ação, é o momento do grupo se configurando para um determinado objetivo. É perceber como o grupo está chegando: antes de entrar na sala, quais as conversas, comentários, como se organizam e quais os lugares escolhidos. Enfim, é perceber a dinâmica do grupo.

AQUECIMENTO ESPECÍFICO: É o momento do foco da ação para o desenvolvimento do objetivo do grupo: "Para que viemos aqui?", e não "Por quê?" É aproveitar os temas de interesse do grupo, identificar qual dinâmica o grupo está apresentando e tornar visíveis as "relações intersubjetivas" para o foco do trabalho a ser realizado.

DRAMATIZAÇÃO: É o momento em que o drama vai se transformar em ação. As possibilidades de dramatização acontecem por meio de conversas dramáticas ou cenas dramatizadas. Nessa etapa, identificamos que o drama individual passa a ser coletivo, pois os protagonistas se posicionam com base em seus valores e nos papéis que lhes são atribuídos. Instala-se o conflito, gerado pelas diferenças que há no grupo. As cenas trazem a visibilidade da dinâmica do grupo e a possibilidade da superação dos conflitos que, até então, não eram visíveis ao coletivo. Como nos aponta o criador do psicodrama, Jacob Levy Moreno: "Quando se pode ver a si mesmo, um palco se faz aos seus pés e se recupera o riso."

COMPARTILHAMENTO (*SHARING*): O problema de um, passa a ser o problema de todos. É o momento de elaborar de modo coletivo as ações vivenciadas pelo grupo e as propostas com base nessas vivências.

RELATÓRIO/PROCESSAMENTO: É a elaboração do coordenador do grupo identificando as etapas acima, articuladas com o desenvolvimento do grupo e com o objetivo do trabalho. É uma forma de organizar as informações do grupo e suas propostas.

Processar uma sessão é buscar a racionalidade do caminho percorrido, a compreensão do que foi vivido. Portanto, é a passagem das relações vividas para as relações contextualizadas.

Betty Milan, em *O jogo do esconderijo*, explicita com clareza a articulação entre três planos contidos em uma sessão:

1 "No plano do vivido, o cenário é o espaço daquilo que se apreende imediatamente numa relação não contextualizada. Aí, não é de conhecimento aplicado que se trata, mas de um saber que se engendra passo a passo no aqui e no agora vividos, e se articula no plano do imediatamente visível, o das relações intersubjetivas. Em contrapartida àquilo que se dá a conhecer no primeiro tempo da análise, a estrutura só se torna visível pela contextualização. Sendo determinante para o sujeito, a estrutura não é diretamente acessível."

2 "No plano dos bastidores, isto é, daquilo que no teatro fica atrás da cena e que na política determina os rumos sem ser de domínio público."

3 "No plano da reflexão teórica, a análise dos pressupostos que norteiam essa prática e elaboração teórica que supõe a análise concreta já realizada."

O monitoramento foi realizado com base nas ações com relatórios, entrevistas, pesquisas de opinião, pesquisas qualitativas e quantitativas com os beneficiários, reuniões semanais, objetivando correção de cursos de acordo com os objetivos propostos no projeto.

No quadro a seguir, nossos indicadores de avaliação:

INDICADORES DE AVALIAÇÃO	MEIOS DE VERIFICAÇÃO
1 Compromisso com os cursos e participação ativa dos alunos nas atividades formativas do programa.	1 Relatório de aproveitamento e avaliação qualitativa de alunos e facilitadores.
2 Repasse de bolsas para os alunos viabiliza a participação nas atividades formativas no período de seis meses.	2 Percentual de presenças, ausências e evasão registradas nas listas de freqüência.
3 Diagnóstico sobre a realidade social da comunidade realizado pelos alunos foca as reais prioridades locais.	3 Análise da abrangência e da profundidade dos dados, informações e análises apresentadas pelos alunos em relatórios.
4 Projetos para o bairro elaborados pelos alunos respondem efetivamente a necessidades locais.	4 Grau de adesão e concordância dos moradores, verificado em seminário de apresentação dos projetos.
5 Alunos valorizam e interagem com espaços públicos.	5 Atividades dos projetos dos alunos são realizadas em espaços públicos, e novas propostas de aproveitamento do espaço são apresentadas.

A metodologia foi desenvolvida pelos facilitadores, psicodramatistas, com o pré-requisito de que o facilitador tenha especialização em psicodrama, e um cidadão, que deve estar atento e se identificar com as pessoas do grupo. Deve ainda ter clareza de seu papel, ou seja, de que ele é um cidadão, que sua função naquele grupo é profissional e social. Deve saber identificar os diferentes papéis que pode utilizar para o desenvolvimento do grupo. O facilitador é como um intercessor social, tem o movimento do coordenador de grupo, ao mesmo tempo que está inteiramente envolvido com as questões do grupo; é necessário que se desenvolva, possibilitando uma intervenção adequada; caso contrário, pode se misturar e se ver como mais um integrante do grupo, perdendo a função de coordenador. Nessa metodologia, quanto mais invisível for a atuação do facilitador, maior será a possibilidade de o grupo se tornar visível.

Esse método favoreceu o índice de participação, pois o curso teve início dia 10 de maio de 2004, com a presença de 284 beneficiários, e terminou dia 15 de outubro de 2004, com um total de 231 participantes. Nesse caso, o motivo da evasão teve uma razão positiva, pois saíram pela oportunidade de um novo trabalho/emprego.

O objetivo do curso foi disparar um movimento de autonomia trazendo visibilidade aos talentos ocultos e/ou não reconhecidos de que a comunidade necessitasse. Os resultados se mostraram por meio da apresentação dos projetos elaborados pelos próprios alunos.

Os projetos abaixo foram discutidos em grupo após pesquisa na comunidade em que moram:

1. **FEIRA DE TALENTOS RENASCER** – Objetivo: Expor e vender os talentos do grupo; dar oportunidade às pessoas com mais de 40 anos de terem sua própria renda. Vila Maria/Vila Guilherme – SP.
2. **CENTRO DE RECICLAGEM VILA FORMOSA** – Objetivo: Criar um espaço denominado Centro de Reciclagem que ofereça a oportunidade de aprendizagem e de trabalho para as pessoas da comunidade de Vila Formosa – SP.

3 **PROJETO AMIGOS UNIDOS** – Objetivo: Reativar a oficina de mão-de-obra para costura na região da Vila Guilherme – SP.

4 **FEIRA E CASA DE TALENTOS** – Objetivos: Realizar uma feira de talentos, em praça pública, para divulgar os diferentes talentos dos alunos do Projeto Empreendedor Local. Vila Maria/Vila Guilherme – SP

5 **RECICLAGEM DE LIXO INORGÂNICO** – Objetivo: Educar a população para separar o lixo e manter a limpeza das ruas e melhorar o meio ambiente na região em que mora. Pirituba – SP.

6 **RESTAURANTE DO POVO** – Objetivo: Servir comida mais saudável e barata para a população de baixa renda. Utilizar o talento da maioria do grupo para culinária e manter o prazer em trabalhar em grupo. Pirituba – SP.

7 **RESTAURANTE POPULAR PRATO CHEIO** – Objetivo: Criar um restaurante popular para vender refeição, do tipo trivial – simples, com serviço de prato pronto. Vila Guilherme – SP.

8 **QUERO MAIS** – Cooperativa de Talentos em Culinária – Objetivo: Criar uma cozinha industrial para fornecer marmitex com comidas variadas, sobremesas, refrigerantes e sucos naturais em embalagem descartável. Vila Guilherme – SP.

9 **SONHO DE CRIANÇA** – Objetivo: Criar um espaço de lazer e aprendizagem para crianças e adolescentes de 7 a 14 anos. Vila Guilherme – SP.

Todos os alunos tiveram a oportunidade de, após o término do Projeto Empreendedor Local, participar do Programa Oportunidade Solidária, da Prefeitura Municipal de São Paulo, para, com base no projeto que elaboraram, efetivar um plano de negócio durante dois meses a fim de implantar seus projetos (com a possibilidade de financiamento via microcrédito ou por meio de parceiros locais para gerar trabalho e renda).

O Projeto Empreendedor Local só pôde ser desenvolvido por parcerias que foram estabelecidas: Prefeitura Municipal de São Paulo, por intermédio da política pública para o desemprego e a inclusão social; Unesco, garantindo um modelo de programa pedagógico e de prestação de contas para as organizações não governamentais; o Instituto de Políticas Relacionais, garantindo a articulação com os órgãos públicos locais e o processo pedagógico *in loco* com o foco em empreendedorismo local.

CONSIDERAÇÕES GERAIS

Minha experiência de trabalho com os mais diversos grupos me mostrou, cada vez mais, a necessidade de diferenciar e integrar a *práxis* cidadã da legalidade e da legitimidade.

A cidadania da legalidade está calcada na formação do pensamento ocidental, em padrões e atitudes morais, o bem e o mal, o certo e o errado. Estamos sempre julgando o outro, numa relação de culpa e de isenção de responsabilidade. A cidadania da legitimidade está fundamentada em atitudes éticas, de realização de ações para o bem coletivo, comum. Sendo assim, não há certo ou errado, há diferenças. São modos de viver numa cidade. Como exercitar a cidadania, cuidar da *pólis* (cidade), sem entrar em conflito?

A filósofa Terezinha Rios nos mostra claramente essa diferença: "Quando nos voltamos de maneira crítica sobre os valores que sustentam a moral, quando buscamos seus fundamentos, estamos no terreno da ética. A ética pode, então, ser definida como uma atitude crítica diante da moralidade, uma investigação sobre a consistência e o significado dos valores morais. A moral é, então, normativa – aponta o que devemos e o que não devemos fazer. A ética é reflexiva – indaga por que devemos ou não agir do modo que nos é imposto."

O gráfico abaixo nos mostra claramente o que ocorre num processo grupal e a importância do DRAMA para a transformação da existência, ou seja, para que de fato o grupo seja protagônico da sociedade em que vive e não bode expiatório para os julgamentos no banco dos réus.

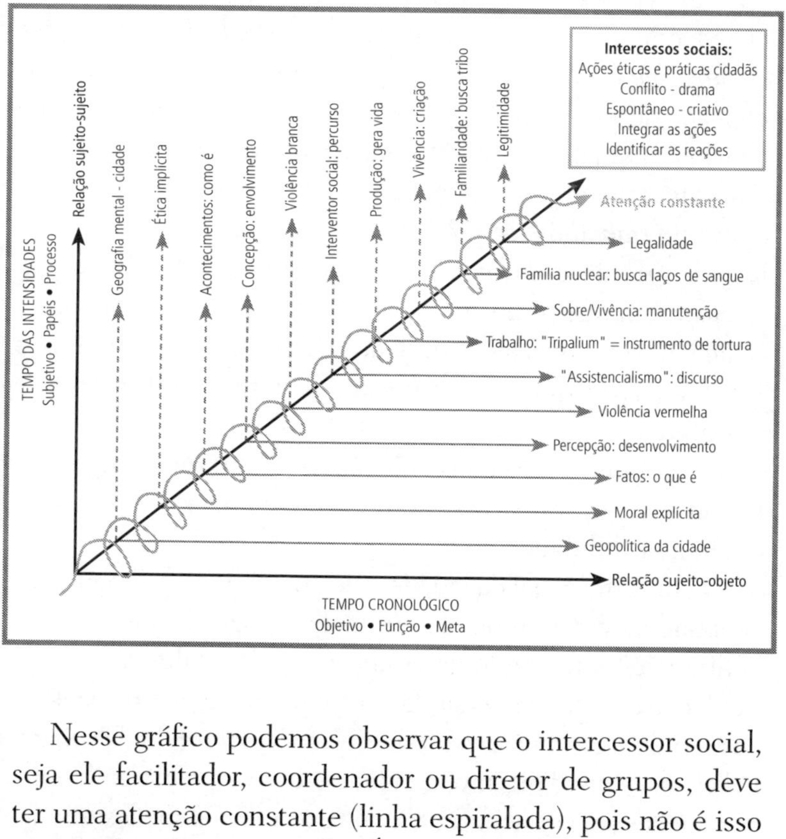

Nesse gráfico podemos observar que o intercessor social, seja ele facilitador, coordenador ou diretor de grupos, deve ter uma atenção constante (linha espiralada), pois não é isso OU aquilo, é isso E aquilo. É exatamente nessa interseção que está o conflito, o drama, o espontâneo, o criativo; é o momento de identificar as reações e produzir novas ações. Quando nossa relação é com o objeto de estudo (que são 284 alunos), não podemos enxergá-los como objetos, mas, sim, como sujeitos de direitos, cidadãos, como nós!

Esta atenção constante se dá mutuamente no tempo: o tempo é cronológico e ao mesmo tempo das intensidades. No *tempo cronológico*, há a objetividade do desempenho das funções e o cumprimento das metas, e no *tempo das intensidades*, há subjetividade dos papéis que desempenhamos durante o processo vivido, ou seja, os afetos. Nessa intersecção vivemos os DRAMAS da *ética* e da *moral*; dos *fatos* e dos *acontecimentos*; do *desenvolvimento* que facilita a nossa percepção; do *envolvimento* que mostra nossa concepção; da *violência branca*, que é sutil e invisível; da *violência vermelha*, que é tão objetiva que é chocante; do *discurso* e do *percurso*; do *trabalho* e da *produção*; da *vivência* e da *sobrevivência*; da *criação* e da *manutenção* da nossa vida; da *família nuclear*, em que temos nossos laços de sangue, e da *familiaridade*, que é a busca da tribo, dos parceiros; e por fim nosso DRAMA – viver que é a *legalidade* dos fatos e a *legitimidade* dos afetos.

Essas intersecções nos colocam o tempo todo em conflito, ou seja, o drama está sempre presente. E como trazer então a visibilidade?

O contexto social da cidade nos mostra que a configuração geopolítica gerou uma determinada geografia mental. Foi configurado o território do desajuste, dada a falta de uma articulação *ético-política-estética* entre os três registros ecológicos – o do *meio ambiente*, o das *relações sociais* e o da *subjetividade humana*. Portanto, a cidade é o nosso meio ambiente, as relações sociais acontecem entre as classes sociais que dividem esse mesmo meio ambiente, territorializando-o ou desterritorializando-o, e a subjetividade humana não é visível e, sim, invisível, determinando nossas relações por meio de forças ativas ou reativas.

Como só conseguimos olhar e lidar com o que nos é visível e objetivo, a representação e a imagem configuram nossas relações. Dada a velocidade do cotidiano das cidades, distanciamo-nos uns dos outros, perdendo a intensidade que afirma nossas relações. Essa intensidade nas relações, quando visível, é atravessada pela violência, reagindo à ação de outros, diminuindo a sua potência, afirmando a morte, não agindo por forças ativas, recriando o real, aumentando a sua potência e afirmando a vida. É com base na articulação do meio ambiente, das relações sociais, da subjetividade e da produção das nossas relações que determinamos nossa cultura.

As cidades produzem a todo momento regras: o certo e o errado, leis de como deve se enquadrar o ser humano. Estamos a todo momento reagindo às ações dos outros, reforçando e afirmando a violência na nossa cidade em todos os lugares, seja nos grandes condomínios, nas grandes favelas, nas empresas ou nas instituições, esquecendo que o *locus* principal é a relação entre as pessoas. É a esse *locus* da micropolítica que estamos atentos, na relação implícita sujeito-sujeito e na relação explícita sujeito-objeto.

Nosso trabalho com os grupos foi trazer visibilidade às diferenças de cada um, com base nas experiências de vida, e propiciar o reconhecimento da existência do outro no mesmo espaço, com o foco em três grandes pilares:

- **ÉTICA:** quais os valores de cada um?
- **POLÍTICA:** que ações cotidianas refletem esses valores?
- **ESTÉTICA:** qual a forma de expressão dessas ações?

Qual ética, política e estética queremos produzir para o exercício da cidadania?

O momento presente pede uma outra ética, uma ética da inclusão responsável, na qual cada cidadão deseje atuar na construção de um outro modo de encarar a cidade onde mora, nossa vida, ou seja, nosso mundo. Portanto, o momento exige uma mudança dessa geografia mental, buscando a afirmação da vida em cada ato. A idéia do nosso trabalho foi fazer a interseção da geopolítica e da geografia mental, num *locus*, nas relações, fortalecendo as diferenças como forma de inclusão e a singularidade de cada um, afirmando sua cidadania e mais: trazendo à visibilidade o cidadão como protagonista da sua história. O exercício da cidadania nos mostra que o grupo é sempre protagonista da sociedade. É a relação da micropolítica com a macropolítica. O protagonismo é um tipo de ação nesse contexto social, que vem para responder a problemas reais em que o cidadão é sempre o ator principal. É a cidadania criando acontecimentos, nos quais o cidadão ocupa uma posição de centralidade.

O protagonismo identifica o cidadão como ator principal em ações que não dizem respeito só à sua vida privada, familiar e afetiva, mas a questões relativas à sociedade de uma forma mais ampla.

Concluindo: consideramos a metodologia do psicodrama a mais eficiente, eficaz e efetiva para descortinar o objeto de estudo – *ser humano* – e fortalecer o sujeito-cidadão!

Equipe do projeto

Instituto de Políticas Relacionais:

Coordenação: Daniela Greeb e Vanessa Mary Labigalini

Consultoria Pedagógica: Marisa Greeb e Elisa Machado

Administração: Bel Dantas, Silvana Cupaiolo e Othon Silveira

Facilitadoras: Diomar Jorge, Martha Elisa, Miriam Santoro, Márcia Cristina Ribeiro (Tuca), Vanessa Mary Labigalini, Luciana Manzolli (Liila)

Colaboradores: Jeane Lobo, Ana D'Alessandro

Secretaria Municipal de Desenvolvimento, Trabalho e Solidariedade – PMSP/Unesco

Coordenadora do Programa Começar de Novo: Rosa Maria Alves de Almeida Subcoordenadora do Programa Começar de Novo: Jussara Dias
Equipe técnica: Rosana Saito e Roseli Nascimento

REFERÊNCIAS BIBLIOGRÁFICAS

GONÇALVES, C. S.; WOLFF, J. R.; ALMEIDA, W. C. de. *Lições de psicodrama. Introdução ao pensamento de J. L. Moreno*. São Paulo: Ágora, 1988.

GUATTARI, Felix. *As três ecologias*. 13. ed. São Paulo: Papirus, 2002.

________. *Caosmose*. São Paulo: Editora 34, 1992.

MILLAN, B. *O jogo do esconderijo*. São Paulo: Pioneira, 1976.

POCHMANN, M. *Novos caminhos para a inclusão social*. São Paulo: Fundação Perseu Abramo/Cortez, 2002.

________. *Outra cidade é possível: alternativas de inclusão social em São Paulo*. São Paulo: Cortez, 2003.

RIOS, T. A. *Ética e competência*. São Paulo: Cortez, 1993. Coleção Questões da Nossa Época, v. 16.

Sites

www.psicodramadacidade.com.br

www.febrap.org.br

www.protagonismojuvenil.org.br

7

O MÉTODO SOCIONÔMICO NA PREVENÇÃO DE ACIDENTES DE TRÂNSITO: INTERVENÇÃO COM GRUPOS DE MOTORISTAS RODOVIÁRIOS

ROSANA MARIA DE SOUSA REBOUÇAS

O objetivo deste artigo é refletir de que forma os métodos socionômicos proporcionaram a diminuição do índice de acidentes graves e gravíssimos com motoristas rodoviários. Os sujeitos alcançaram mudanças significativas no desempenho objetivo do papel e encontraram formas mais criativas e espontâneas de atuação em pautas de comportamento novas e antigas. O desafio é refletir, à luz da socionomia, a relação existente entre a intervenção socionômica e a diminuição de acidentes rodoviários.

UM POUCO DA HISTÓRIA

Em 1999, ocorreu um acidente gravíssimo, resultando em mortes e mutilações, com um ônibus de uma empresa de grande porte do ramo de transporte rodoviário, localizada na região metropolitana de Salvador (BA), com filiais em outros estados do país. O setor de recursos humanos dessa empresa solicitou uma avaliação psicológica do motorista que conduzia o ônibus, objetivando compreender os possíveis fatores emocionais que poderiam ter influenciado diretamente o acidente, pois ele havia sido eleito *destaque do ano*, ou seja, funcionário-padrão.

As entrevistas evidenciaram os sintomas de estresse pós-traumático[1] e ainda os sentimentos de vergonha, fracasso e tristeza diante da comunidade da sua cidade, da empresa e da sua família, pois sua carreira havia chegado ao final de uma forma infeliz. O sonho antigo de tornar-se um motorista profissional de ônibus estava desfeito: habilitação apreendida, demitido por justa causa, sofria as conseqüências dos processos legais e carregava a marca de um acidente com um óbito, quatro pessoas mutiladas, ferimentos graves e ameaças de morte por parte de familiares das vítimas.

O conteúdo das entrevistas com o motorista revelou fatores importantes a serem considerados:

- O motorista encontrava-se, naquele momento da sua vida, em situação familiar conflitiva, gerada por crise conjugal.
- Ao sair da empresa para iniciar a viagem, houve um desentendimento, aparentemente sem relevância, com um funcionário que lhe provocou raiva intensa: "Aquele olhar dele me deu muita raiva... Senti-me humilhado com aquele olhar de ironia... Já saí com raiva."
- O trajeto da viagem era entre duas cidades, por uma estrada sinuosa com curvas acentuadas e freqüentes. O excesso de velocidade teria sido a provável causa do acidente em uma das curvas, na qual o motorista transgrediu

1 Resposta tardia e/ou protraída a um evento ou situação estressante (de curta ou longa duração) de uma natureza excepcionalmente ameaçadora ou catastrófica, que causa angústia invasiva em quase todas as pessoas (CID 10).

a norma de segurança da empresa, excedendo a velocidade permitida para aquele local, segundo os registros do tacógrafo.[2]

- Ficou destacado o valor afetivo conferido à sua profissão, e um certo orgulho por dirigir *um carro grande*.

AS HIPÓTESES

O processo de avaliação psicológica possibilitou o levantamento de relevantes questões acerca do desempenho do papel de motorista e da construção da identidade profissional.

Como esse papel foi construído na história de vida dos sujeitos que escolhem essa tarefa? Até que ponto eles possuem consciência de que suas emoções podem interferir na direção do veículo? Foram levantadas hipóteses com base naquelas entrevistas:

- O papel de motorista profissional é uma escolha vocacionada e é construído na história de vida de cada sujeito.
- As fortes emoções interferem diretamente no papel de motorista, comprometendo a qualidade do seu desempenho.
- O acidente pode acontecer como conseqüência das interferências de elementos privados do papel (aspectos psicoafetivos) e do desempenho objetivo do papel.
- Aquele motorista mostrou-se distante de perceber os aspectos subjetivos que poderiam ter interferido objetivamente no desempenho do papel.

2 O tacógrafo é um disco diagrama, feito de papel e coberto por uma fina camada de cera, que grava informações sobre a velocidade do veículo durante o trajeto; funciona como controle da frota e como instrumento para prevenção de acidentes de trânsito.

Com base nessas hipóteses, foi proposto ao RH uma intervenção de ação preventiva por meio da socionomia. Após a análise da proposta, a equipe de recursos humanos reformulou os chamados programas de treinamento e incluiu o psicodrama como nova proposta: a de focalizar a pessoa considerando os aspectos subjetivos, socioemocionais que interferem no desempenho objetivo do papel de motorista.

RELEVÂNCIA DA INTERVENÇÃO

Buscando aprimorar o desempenho do papel profissional na empresa, as organizações, de uma forma geral, investem na área de educação continuada, oferecendo cursos, seminários, com largo incentivo a MBAs, cursos universitários, dentre outros.

O papel profissional de motorista rodoviário não exige uma formação acadêmica. Os sujeitos, na sua maioria, possuem o primeiro grau, e a formação profissional ancora-se, sobretudo, na experiência, subsídio fundamental para o desempenho do papel. Empresas de transporte rodoviário de grande porte investem em cursos específicos que aprimoram a técnica de direção veicular, como direção defensiva, treinamentos em mecânica etc. O investimento quase sempre é voltado para aspectos teórico-técnicos do papel, ao passo que os aspectos subjetivos são pouco enfatizados. A periculosidade da tarefa é indiscutível – conduzir vidas humanas, em longas distâncias, por um considerável número de horas nas rodovias federais e estaduais requer habilidade, não apenas técnica, mas emocional.

Como se vê, os aspectos subjetivos, emocionais, podem interferir, sobretudo, na direção do veículo, uma vez que essa tarefa exige um nível adequado de atenção concentrada e difusa, ótimas condições de repouso (horas de sono suficientes), boas condições de saúde física, bem como não haver níveis elevados de estresse emocional.

Rouleau (In: Davel; Vergara, 2001, p. 219, aspas e grifo do autor) conclui:

> [...] sabemos muito sobre as pessoas quando consideradas como "recursos"; entretanto, dispomos de poucos pontos de referência para compreender o *Eu* como lugar de produção e de reprodução de uma subjetividade ancorada nas emoções e no gênero. Ora, a modernidade das empresas está longe de ser estranha à invenção, bem como a superação das formas de subjetividade que são, cotidianamente, colocadas em prática nas organizações [...]

O ser humano é um intérprete de papéis, o papel profissional é a ponte que vincula o trabalhador a outros papéis com os quais está em relação na organização a que pertencem.

Moreno (1984, p. 113) diz que: "Um papel compõe-se de duas partes: o seu denominador coletivo e o seu diferencial individual." Formas conservadas de atuação do papel impedem a visibilidade de novas atitudes criativas e espontâneas, trazendo prejuízos significativos à saúde mental e física do trabalhador.

Tomar uma distância crítica para reconhecer os aspectos subjetivos (emocionais, afetivos) que interferem no desempenho objetivo do papel, perceber a dimensão do outro nas relações, reconhecer a organização como sistema e suas influências na dinâmica de desempenho dos papéis são fundamentais para encontrar formas mais criativas de atuação.

A intervenção socionômica viabiliza o desenvolvimento do papel e ajuda a reconhecer seu *status* sociométrico.[3] Com essa proposta, o público-alvo alcança significativas transfor-

3 "[...] O *status* sociométrico de um indivíduo é definido pelo índice quantitativo de escolhas, rejeições e indiferenças que o mesmo recebe num determinado grupo. [...]" (Moreno, 1983, p 173-174).

mações nas suas relações com seus contrapapéis, bem como pode reconhecer que o principal sustentáculo da sua segurança no trânsito rodoviário não habita em códigos de trânsito, em habilitações categoria D ou E, em aulas de direção defensiva, em cursos e treinamentos, mas na consciência de que ele próprio é o principal responsável pela escolha profissional e pela qualidade do desempenho do papel. Moreno (1983, p. 173-174, grifo do autor) afirma:

> [...] A propensão a acidentes é uma função do *status* sociométrico de uma pessoa. Conforme aumenta, em termos de coesão relativa, o *status* sociométrico de uma pessoa, diminui a propensão a acidentes e vice-versa.[...]

Objetivo geral

O objetivo geral do programa de intervenção foi de promover a diminuição do índice de acidentes graves e gravíssimos por meio do reconhecimento das emoções que interferem no adequado desempenho do papel, aprimorando a relação consigo, com colegas e com os clientes, desenvolvendo uma cultura de respeito como valor ético necessário à valorização da vida humana.

Objetivos específicos

- Sensibilizar os profissionais para a valorização da vida humana, como exercício de ética e cidadania.
- Possibilitar a percepção da construção do papel como ferramenta de resgate da historicidade desse papel, no qual os sujeitos são seus construtores por excelência e responsáveis pelas escolhas que fazem.
- Integrar os profissionais entre si como possibilidade de promover a coesão grupal dos diversos setores (capital e interior do estado).

- Criar condições para que ocorra o reconhecimento da interferência dos aspectos socioemocionais do papel no seu desempenho objetivo, tanto na relação com o outro quanto no desempenho específico: o ato de dirigir o veículo.
- Aprimorar a visibilidade do papel de motorista profissional como função social e o seu valor para a comunidade e para a organização em que se insere.
- Enfocar a relação existente entre acidente de trânsito e falha humana como principal fator a contribuir para o aumento do índice de acidentes de trânsito.

Metodologia utilizada

A metodologia utilizada provém do enfoque do psicodrama socioeducacional, e serão apenas destacadas e descritas três formas de intervenção relevantes como demonstração da aplicabilidade dos métodos socionômicos na prevenção de acidentes e seus resultados. Ressalte-se, porém, que cada uma delas fez parte de um programa distinto em um contexto específico.

O sociopsicodrama foi incluído no plano de educação anual para aperfeiçoamento do papel de motorista, por meio do qual recebiam treinamento de uma semana, a respeito de diversos temas ligados aos aspectos técnicos do papel, utilizando de outras metodologias que não a psicodramática.

Foi elaborado um programa para grupos de vinte e cinco a trinta participantes, em média, com a carga horária de oito horas. A metodologia utilizada foi o sociodrama,[4] que incluía jogos dramáticos. O primeiro programa funcionou como programa piloto e possibilitou uma investigação que subsidiou as intervenções posteriores.

4 "[...] O sociodrama tem sido definido como método profundo de ação que trata de relações intergrupais e de ideologias coletivas." (Moreno, apud Cukier, 2002, p. 271)

Três intervenções relevantes

1 OS JOGOS: PROPOSTA PARA INTEGRAÇÃO GRUPAL

Nos primeiros grupos, houve um clima tenso entre os participantes, primeiramente por estarem diante do novo e depois porque pareciam estar constrangidos diante do outro. Foram utilizados jogos de integração e apresentação, objetivando relaxar o campo e diminuir o nível de tensão. A possibilidade do lúdico funcionou como via de expressão da espontaneidade grupal possibilitando o reconhecimento do eu–tu, o que tornou possível a relação entre os colegas de empresa que, segundo eles, era dificultada pelas freqüentes viagens ou pelo fato de morarem em outras cidades.

Os jogos revelaram os colegas como competidores, e isso os impedia de estabelecer maior integração, convivendo, na sua maioria, isolados uns dos outros, não apenas por causa das viagens, mas pela competição entre eles, que funcionava como ameaça. Os motoristas do setor A rivalizavam com os do setor B, motoristas de linhas interestaduais com motoristas de linhas intermunicipais, carros leitos com carros mais simples etc.

Os jogos ajudaram a desmitificar as fantasias sobre os colegas, redimensionando as relações sociais e aumentando a coesão grupal.

2 SOCIODRAMA: "MOTORISTA, COMO FOI ESSA HISTÓRIA?"

Essa intervenção sociodramática funcionou como ferramenta de resgate da construção histórica do papel de motorista e possibilitou aos sujeitos perceberem-se como agentes construtores e criadores de suas histórias, cujos enredos revelaram que a escolha da vocação é de responsabilidade individual.

O título proposto foi a chave para o aquecimento específico. Em subgrupos, foram compartilhadas suas histórias profissionais para, em seguida, criarem uma história única com base nos relatos dos participantes e apresentá-la ao grande grupo por intermédio de cenas em que eram realizadas outras intervenções, com técnicas como inversão de papéis e solilóquios.

As cenas transitaram entre dois cenários e revelaram aos olhares atônitos da platéia o espetáculo da vida deles, que, alienados, não se percebiam como atores do enredo de sua autoria.

A seguir a descrição de dois cenários que retrataram a construção histórica do papel:

CENÁRIO I: Um menino do sertão, morador da zona rural, olhava atentamente os ônibus passarem pela rodovia e pensava: "Quando eu crescer quero ser que nem aquele motorista". Admirado, corria ao ouvir o barulho de ônibus ou caminhões para apreciá-los passar.

O menino da cena construía ônibus e caminhõezinhos para brincar utilizando latas de óleo de cozinha e solado de sandálias havaianas para os pneus. Cresceu e foi para a cidade onde trabalhou ou como lavador de carros, ajudante de caminhão, ajudante de mecânico, manobrista ou motorista de "patrol" (espécie de trator), sempre interessado em aprender a dirigir. Logo que conseguiu a carteira de habilitação, categoria D, viu finalmente a realização profissional concretizada: ser motorista de caminhão, carreta ou ônibus ("um carro grande").

CENÁRIO II: Um menino pertencente a uma família que tinha uma linhagem de motoristas, persegue a carreira transgeracional, cujo pai ou parente próximo (tio, primo, avô, irmão mais velho) figurava como importante modelo. Desde cedo, pedia ao pai que o pusesse no colo quando dirigia, para acompanhá-lo nas viagens. O pai tentava convencê-lo de que deveria estudar e seguir outra profissão, porém, não obteve sucesso.

O menino fazia escondido pequenas manobras no carro do pai, sempre vislumbrando o dia em que seria profissional. Embora a família incentivasse os estudos, optava por abandonar o ensino formal buscando a profissionalização pela vivência com o automóvel, cuja escola era a própria estrada e os motoristas mais velhos, seus professores. Iniciava com caminhões, almejando sempre dirigir um ônibus de passageiros – esse é um fato que chamou atenção e esteve presente em todas as cenas.

3 JORNAL VIVO TEMÁTICO: INOVAÇÃO POSSÍVEL

O jornal vivo é uma técnica que deu origem ao sociodrama e foi criada por J. L. Moreno (1984, p. 92). Segundo Monteiro (1993, p. 13), o jornal vivo permaneceu como tentativa de fazer uma síntese entre o jornal e o teatro:

> [...] Do jornal ele tirava as notícias do que permanecia no mundo e propunha que a partir daquele estímulo se fizesse uma dramatização [...].

Monteiro (1993) afirma que tanto o jornal vivo quanto o teatro espontâneo se propõem a uma reflexão e a uma catarse coletiva.

Acrescentou-se a essa técnica a seguinte variante: a busca da notícia deveria estar associada livremente a um tema a ser trabalhado com o objetivo de possibilitar a expressão grupal sobre o assunto refletindo sobre ele.

APLICAÇÃO DO JORNAL VIVO TEMÁTICO

- Aquecimento: foi colocada à disposição do grupo uma pilha de jornais da cidade e solicitou-se aos participantes que buscassem uma notícia qualquer que lembrasse a palavra *segurança*. As notícias não deveriam necessariamente estar ligadas ao trânsito de veículos. Depois que as notícia foram encontradas, o grupo foi instruído a compartilhá-las em subgrupos e eleger a que melhor representasse a palavra *segurança*.

- Dramatização: cada subgrupo dramatizou a notícia, havendo a intervenção do diretor em algumas cenas por meio das técnicas psicodramáticas.
- Compartilhamento: os sujeitos compartilharam as emoções vivenciadas, numa catarse emocional.
- Comentários e análise: os participantes refletiram sobre os conteúdos trazidos pelas cenas, estabelecendo uma relação com a segurança no trânsito.

EXEMPLO: Após o aquecimento específico, cada subgrupo dramatizou uma cena que foi trabalhada em seus aspectos relevantes para o tema proposto, com base em notícias escolhidas pelo grupo.

A seguir, as notícias protagônicas escolhidas pelos quatro subgrupos:

GRUPO	RESUMO DA NOTÍCIA
1	Uma baiana do acarajé (vendedora) teve seu tabuleiro e mercadorias apreendidos pela vigilância sanitária por estar atuando de forma irregular, embora estivesse ciente da lei.
2	Um quartel do exército foi invadido por bandidos disfarçados de militares que roubaram armas pesadas.
3	Um ônibus clandestino, que não tem autorização legal para transportar passageiros, provocou grave acidente.
4	Uma criança, acompanhada do pai, soltou um balão na zona urbana e provocou curto-circuito na rede elétrica do bairro.

COMPARTILHAMENTO – Ao vivenciarem as cenas, os participantes depararam com emoções como o medo e a raiva e sentimentos de desamparo, pois em todas as cenas a lei era burlada pelas pessoas, colocando em risco a vida delas próprias e da comunidade.

COMENTÁRIOS E ANÁLISE – Algumas falas dos participantes: "A segurança não existe, ela está dentro de nós"; "Não adianta código de segurança se não houver um código de segurança dentro de nós".

4 CENAS DO COTIDIANO

A dramatização foi utilizada para trabalhar temas diversos relacionados com a vivência do dia-a-dia do motorista: cenas temidas como acidentes, assaltos, seqüestros, medo de traição da esposa enquanto viajam, relações conflitivas com passageiros: como uso de drogas dentro do ônibus (álcool, maconha), morte súbita de passageiro, brigas, tentativa por parte dos passageiros de burlar as normas da empresa, relação com superiores hierárquicos, colegas etc.

A seguir será destacada, como exemplo, a dramatização de uma cena temida: o assalto durante a viagem.

O cenário era um ônibus de passageiros, viajando à noite para o Rio de Janeiro. Em determinado trecho da viagem, foram tomados de assalto por uma quadrilha de quatro assaltantes, e o motorista foi obrigado a dirigir sob a mira de um revólver. Enquanto ocorria um completo clima de terror no interior do veículo, pois os passageiros se encontravam sob ameaça dos bandidos, o motorista era forçado a desviar a rota, atendendo às ordens do assaltante.

Utilizando técnicas psicodramáticas como inversão de papéis, solilóquios, duplo, possibilitamos aos participantes experimentarem e buscarem saídas para lidar com tal situação adversa. A cena causou forte impacto nos participantes e na platéia. Ampliou-se a cena para o possível desdobramento do assalto: o motorista, mesmo sob ação do estresse, lidou com o pânico dos passageiros, registrou a queixa na delegacia e comunicou o fato aos seus superiores hierárquicos.

No compartilhamento, expressaram fortes emoções relacionadas ao papel de assaltante, ao de motorista e de passageiros: raiva, medo, tristeza.

Durante os comentários, discutiram a respeito de como lidar com a situação e, principalmente, com os assaltantes, com base nas emoções vividas pelo personagem assaltante: "Fiquei muito nervoso e era capaz de fazer qualquer coisa" (fala de um motorista após viver o papel de assaltante).

O trabalho com as cenas do cotidiano auxiliou os participantes a encontrarem novas respostas para situações antigas e a buscarem respostas para situações inusitadas.

CONSIDERAÇÕES FINAIS

O teatro terapêutico, por meio da proposta sociodramática de tornar as pessoas livres e criadoras, revela, por meio do desempenho de papéis, que homens com baixo nível de escolaridade experimentaram, criaram e transformaram uma realidade com a qual, antes, lidavam delegando ao acaso e à sorte o desempenho do papel e da sua formação profissional. O sociodrama e os jogos dramáticos proporcionaram o reconhecimento da sua identidade de grupo e lhes permitiram se reconhecer no outro, abrindo as portas para o reconhecimento do *tu* por intermédio da inversão de papéis, desenvolvendo a *tele*[5], que aproxima os indivíduos entre si, e promove maior integração e conseqüente coesão grupal.

5 "[...] Moreno introduziu o temo *tele* (distante) para designar o conjunto de processos perceptivos que permitem ao sujeito uma correta valoração do seu mundo circundante [...]" (Rojas-Bermudez, 1984, p. 63).

Considerando os princípios que regem o funcionamento dos grupos, segundo Moreno (apud Fleury, 1999, p. 49), os indivíduos encontravam-se em um estágio inicial chamado de *isolamento orgânico* (isolados). À proporção que o sociopsicodrama – por meio dos jogos e do sociodrama – possibilitava o reconhecimento do outro, por meio de pólos de atração entre si, estabeleceram-se inter-relações formando díades e triângulos diversos (diferenciação horizontal). As lideranças também se configuraram: alguns centralizavam mais a atenção, liderando outros e até mesmo o grupo.

À medida que se sentiam escolhidos, escolhiam, expressavam as rejeições e a indiferença com liberdade; assim, foi se configurando o *status* sociométrico dos indivíduos, de modo que cada um pôde perceber a posição que ocupava no grupo e na organização em que se inseria. A integração possibilitou a coesão grupal.

Moreno (1974, p. 55) conclui:

> [...] Ficou, por exemplo, evidente que dependem do *status* sociométrico de um indivíduo suas possibilidades de sucesso e satisfação nos domínios psicológico, social e econômico. Foi também observado que indivíduos isolados permanecem sem sucesso em sua escolha de emprego e têm mais freqüentemente acidentes de trabalho que indivíduos preferidos e que trabalham em uma equipe muito unida [...]

Continua Moreno (1983, p. 173-174):

> [...] A propensão a acidentes é função do *status* sociométrico de uma pessoa. Conforme aumenta em termos de coesão relativa o *status* sociométrico de uma pessoa, diminui sua propensão a acidentes e vice-versa [...]

O *status* sociométrico está diretamente relacionado com os aspectos da subjetividade dos sujeitos, ou seja, o *diferencial individual do papel* (Moreno, 1984). O sociodrama, como método que trata de relações intra e intergrupais e de ideologias coletivas (Moreno, 1994), contribuiu para a prevenção de acidentes de trânsito, permitindo ao grupo maior visibilidade do desempenho do papel e sua implicação na segurança do trânsito.[6]

REFERÊNCIAS BIBLIOGRÁFICAS

CUKIER, Rosa. *Palavras de J. L. Moreno: vocabulário de citações do psicodrama, da psicoterapia de grupo, do sociodrama e da sociometria.* São Paulo: Ágora, 2002.

DAVEL, E; VERGARA, S. *Gestão com pessoas e subjetividade*. São Paulo: Atlas, 2001.

FLEURY, H. "A dinâmica dos grupos e suas leis". In: ALMEIDA, C. (org.). *Grupos – A proposta do psicodrama*. São Paulo: Ágora, 1999.

MONTEIRO, R. *Técnicas fundamentais do psicodrama*. São Paulo: Brasiliense, 1993.

MORENO, J. L. *Fundamentos do psicodrama*. São Paulo: Summus, 1983.

________. *Psicodrama*. São Paulo: Cultrix, 1984.

________. *Psicoterapia de grupo e psicodrama*. São Paulo: Mestre Jou, 1974.

________. *Quem sobreviverá?* Goiânia: Dimensão, 1993.

ROJAS-BERMÚDEZ, J. G. *¿Qué es el psicodrama?* Buenos Aires: Celcius, 1984.

6 Não foi possível publicar os dados estatísticos sobre a diminuição do índice de acidentes levantados pela organização.

SOCIOPSICODRAMA EM GRANDES GRUPOS: UMA REDE DE NÔMADES

SISSI MALTA NEVES

8

Este artigo pretende abordar a formação de redes sociais mediante intervenção sociodramática em grandes grupos, com base na importância e urgência de nossa atuação na comunidade, seja como profissionais, seja como cidadãos em construção de outra sociedade. A ação do psicodrama em redes sociais aponta para o desenvolvimento do papel do intercessor social.

Consideramos que Moreno (apud Malta Neves, 2005) foi pioneiro no mundo *psi* ao aproximar a noção de "cidade subjetiva" à concepção de comunidade, acreditando no seu mapeamento psicogeográfico como extensa rede que evidenciaria os processos psicológicos dos indivíduos em agrupamentos de determinada organização social. Seus conceitos de *redes* e *átomo social*, como o conjunto de pessoas mais significativas com quem um indivíduo está relacionado, aproximam-se de Dabas (1993), para quem *redes sociais* são sistemas abertos gerados por processos vinculares de construção permanente, tanto individual como coletiva. Elas possibilitam novas respostas diante das necessidades e dos interesses comunitários de forma solidária e autogestora, com seu caráter horizontal, de interdependência e complementaridade. A consciência de direitos ainda não conquistados, baseados no autoconhecimento recíproco advindo da relação grupal, da co-ação e co-experiência, é o alicerce coincidente ao projeto moreniano da socionomia.

A reflexão sobre a expressão *grandes grupos* parece definir determinado número de pessoas distintamente de agrupamentos pequenos e médios. Ao problematizar a quantificação de integrantes de um grupo deparamos com uma intrincada equação de Moreno a ser resolvida: quanto o interpsíquico e o intrapsíquico, como esferas interdependentes, geram um fluxo da saúde mental do indivíduo à saúde social do coletivo. Tomando essa fórmula para nosso campo de investigação, a intervenção sociodramática, algumas questões surgem: por quem ela será dirigida, para quem, por quê e para quê?

As múltiplas redes a que pertence cada participante como uma teia sociométrica, em que há conexões de todos os vínculos afetivos mais significativos para estes, fazem-nos crer que intervir sociodramaticamente na comunidade é possibilitar ressonâncias criativas a um infinito número de pessoas. Desse modo, qual número de participantes realmente terá nosso grupo? Acreditamos em uma nova concepção de interdisciplinaridade, de abrangência do que seria a ação do socionomista, seja clínica, seja educativa, em seus diversos contextos e em sua capacidade de produzir o empoderamento comunitário.

A importância da comunidade, até então esquecida pelo movimento psicodramático, parece retomar seu lugar ao identificar-se com o novo paradigma pós-moderno, fundamentado na visão do filósofo Friedrich Nietzsche (apud Malta Neves, 2003), para quem a verdade se submete aos filtros da experiência. Nesse paradigma, a concepção moreniana compartilha a visão de pensadores como físicos, biólogos e filósofos, pois todos acreditam que o futuro pertence às redes. Capra (1996) anuncia a visão ecológica como um sistema de ética radicalmente novo, percebendo-se a interdependência de todos os fenômenos vivos, indivíduos e sociedades, como pertencentes a um processo cíclico da natureza. Para as ciências da vida, somos parte de uma teia de relações, assim devemos entender a interdependência ecológica como produto de relações de um sistema. A sobrevivência da humanidade dependerá de nosso entendimento dos princípios da ecologia: interdependência, reciclagem, parceria, flexibilidade, diversidade e, conseqüentemente, sustentabilidade; e dessa forma vivermos em conformidade com eles.

Moreno critica Marx pela sua predileção à macroestrutura. De igual modo, o projeto moreniano sofre a crítica de Naffah Neto (1979), por priorizar somente o trabalho com pequenos grupos. Por esse enfoque, tanto a micro quanto a macropolítica estão polarizadas de forma estática. No entanto, se reinterpretarmos o que são os afetos num grupo, podemos encontrar o que é crucial na rede social: confiança, consciência, solidariedade, autogestão e co-responsabilidade. O econômico é gerado aí e se transforma em outra gestão. Outras células vão se multiplicando, visando o bem-estar do todo: a comunidade, o comum, o nosso, sendo cuidado; o econômico como soma, fluxo, movimento, produção, inovação. Redes de economia solidária são exemplos de que os grupos (micro) contêm o macro. Não é possível separá-los.

Nossa hipótese é de que o pertencimento às redes seria uma das garantias de saúde mental do indivíduo e do desenvolvimento da sociedade. Optamos pelo termo sociopsicodrama para caracterizar o conjunto de métodos que visa a cultura, o social e o indivíduo, concebendo o sociodrama público como vivência em que um grupo comunitário investiga seus processos invisíveis ou fluxos de afetos. Com base nele, desvelam-se quais lugares sociais ocupam, como são seus valores e sua ética, assim descortinando o palco onde as redes sociais se expressam e, como supunha Moreno (1994), se constrói a democracia.

O Psicodrama da Ética e da Cidadania, iniciado em 21 de março de 2001, em São Paulo, convocou-nos como profissionais e como cidadãos a intervir nos fatos do cotidiano, constituindo dispositivo de outros tantos encontros que ultrapassaram a intenção inicial. Essa ação fez irromper, em 66 países, sociodramas públicos que visaram vários temas: Que País Queremos (2002); Cenas dos Povos (2003); e Pio Vocis (2004). Todas essas intervenções foram organizadas pela internet, por intermédio de redes e listas de discussão "Centrozerkamoreno" (centrozerkamoreno@yahoo grupos.com.mx) e "Armandounpsicodrama" (armandounpsi codrama@yahoogroups.com), hoje, felizmente, compiladas em um livro por Bello (2004). Nessa ação internacional, atendemos o convite de Moreno e concretizamos sua utopia: a sociatria, sendo tratamento do *socius*, realizou o protagonismo do sociopsicodrama! Como intercessores sociais, fomos todos, diretores ou participantes desses eventos, porta-vozes do desejo de criar outros *scripts* comunitários. Vivenciamos cenas em que a violência, a miséria, a opressão e a falta de esperança cederam lugar para a incorporação de outras personagens.

O intercessor social, como diretor de um sociodrama, pode ser concebido como um mutante do movimento psicodramático, o qual se desenvolveu no confronto com as necessidades cotidianas que o foram transformando. Como sociopsicodramatista, com uma nova consciência planetária, sua inovadora ação baseia-se na interconectividade dos fatos da vida. Como um cartógrafo, ele mapeia os fluxos de afeto presentes no seu viver comunitário. Além de um fazer clínico, ele tem como intenção realizar metodologias de pesquisa-ação em comunidades e instituições. Ele vê a verdadeira cidade subjetiva expressa na inter-relação das subjetividades engendradas nas instituições, tomando por base suas condições materiais e ambientais, seu estilo de serviços e suas práticas públicas.

Ser intercessor, como sociopsicodramatista, é agir no entorno social, oferecendo um instrumental de reflexão e expressão criativa para a construção de soluções diante das problemáticas coletivas. Sua *práxis* embasa o que atualmente se chama *clínica ampliada* (Campos, 1992). Apoiado na perspectiva da transdisciplinaridade, seu olhar para as questões da saúde individual focalizará, ao mesmo tempo, a saúde social sob vários ângulos e várias especialidades, inter-relacionando esses fazeres específicos no planejamento de ações conjuntas. Seguindo um modelo de intervenção psicossocial com ênfase maior no potencial humano do que nas condições de risco da população, ele estaria desenvolvendo a capacidade de resiliência da comunidade (Melillo et al., apud Etcheverry, 2004).

Ao incorporar a alteridade, ou seja, a existência do outro e do diferente, exercitamos a compaixão e o entendimento de outra realidade. Nossa resistência desenvolve-se quando abandonamos a noção de incapacidade, possibilitando o surgimento de outro estado de resiliência. Como resilientes somos sobreviventes que ultrapassam adversidades, tais como o medo de ousar o novo ou não perceber a conexão entre todos os sistemas vivos e nosso pertencimento à comunidade. Para entender a interconectividade das esferas do cotidiano como responsáveis pela nossa sobrevivência, necessitamos encarar o social como decorrente do político. Este último define a micropolítica de nossa subjetividade, inserida na vinculação comunitária e na experiência transpessoal que nos possibilita um sentido mais completo da existência. A síntese da obra moreniana pode estar na imagem de uma grande espiral, tal como o palco que nos deixou: uma investigação do eu, ao tu, ao nós, ao cosmos – em um contexto material e concreto que nos atravessa, determina, ensina a criar, como deuses-potentes, autores de novos *scripts* existenciais.

Falamos, desse modo, de um estado co-inconsciente, em que o coletivo se aprisiona temporariamente até a emergência de outro estado, a co-consciência da necessária cidadania. O desenvolvimento do papel desse personagem chamado intercessor social, que passa a atuar no palco do sociopsicodrama público, por exemplo, é um processo axiodramático, em que valores culturais são agentes disparadores de estados temporários co-inconscientes e co-conscientes dos membros da comunidade. A necessidade desse acontecimento vem da produção de potência de um povo, num processo co-inconsciente, que, sob a forma de afetamentos, constrói a condição existencial dos sujeitos. Ao tornar-se desejo nominável, mediante a co-consciência dos que identificam seu aparecimento, acontece a ação disruptiva em redes sociais, o convite ao encontro. Essas redes multiplicam-se quando a espontaneidade irrompe e catalisa mais e mais idéias criativas. A arte de fazer o novo, até então adormecida, flui como espontaneidade, em correntes subterrâneas dentro e fora das instituições, afetando enorme quantidade de possíveis intercessores de seus destinos. De uma fonte difusa jorra a energia criativa, arrastada pela força do desejo de construir-se a si mesmo, ao outro, uma *práxis* e uma nova comunidade.

A arte submerge para criar – ali – onde a ciência tenta explicar. O teatro, por exemplo, opta por um caminho diverso, que é o de aprofundar a relação com o mistério, o oculto, o desconhecido. O gozo estético, lembra Garavelli (2003), produzido pela arte contribui para dissolver os obstáculos à criatividade, mesmo que ainda não compreendamos plenamente como se dá esse afetamento entre o artista e o espectador. A criação coletiva, a conexão da espontaneidade de uns com os outros é onde ocorre a liberação mútua.

O Fórum Social Mundial, em suas cinco edições, é o fato histórico atual que melhor representa esse desejo de todos de que "um outro mundo é possível", lema originário da esperança de transformação do caos que vivemos. Tanto nos quatro eventos em Porto Alegre quanto na Índia, criou-se um espaço mundial de reflexão e organização dos oponentes à política neoliberal, em que representantes de movimentos sociais buscaram uma grande aliança para criar essa sonhada nova sociedade, distinta da lógica do mercado para a qual o dinheiro é o único valor.

Portanto, os sujeitos de nossa intervenção sociodramática serão os participantes da Oficina Psicodrama na Comunidade: Atos em Redes Sociais, no V Fórum Social Mundial, ocorrida no dia 28 de janeiro de 2005, em Porto Alegre/RS.

A oficina contou com 70 participantes, em sua maioria brasileiros. Havia passoas de vários países e todos se comunicavam em espanhol. A equipe era composta por uma diretora e dois egos-auxiliares, sendo que um deles nos filmou. A oficina tem início por um aquecimento em que todos, sentados e de olhos fechados, conectam-se ao motivo da escolha dessa oficina e da participação no FSM. Minhas perguntas definem etapas da vivência das pessoas em suas redes sociais: Quais fatos de minha vida influenciaram na busca desse espaço? Qual a pessoa mais significativa da minha história, responsável por eu querer fazer algo? Quem me afetou, na minha comunidade, para eu deixar a acomodação e vir à procura do novo? Cada um imagine o dedo da mão como sendo a pessoa mais influente ao construir-se como cidadão. Crie um diálogo, dando-lhe voz para que expresse como se sente por vê-lo aqui. Contate com o colega, apresentando-se como esses personagens, reproduzindo aquela primeira conversa interna.

Depois de tais instruções, todos são instigados a construir uma despedida desse lugar cômodo que, no momento, é representado pela cadeira. Em círculo, de mãos dadas, ouvem uma música que tem o som de um coração pulsando, cuja letra fala de como a vida é rara, e como não temos tempo para perceber, mesmo quando tudo pede um pouco mais de calma, a vida não pára. Chamo a atenção para a energia produzida pelo grupo, tal qual uma rede de força que, entrelaçada por desejos comuns ou diferentes, é capaz de transformar-se em força de mudança, singular e coletiva. Despedem-se dos parceiros da esquerda e da direita, respeitando seu tempo de soltar-se. Caminham como se estivessem num bosque, respirando as trocas com todos os elementos da natureza e, nesse passo, percebem o quanto são responsáveis por tudo que acontece ali. Cada um inspira o outro que passa, afetado pelo cuidado e, ao mesmo tempo, pela ousadia de conhecer o outro pelo cheiro. Risos parecem pedir permissão para estabelecer relações. Ensino-lhes um movimento com os braços e mãos semelhantes ao *tai chi chuan*. Ele representa o avançar, saindo de si para perceber o quanto recebemos quanto mais nos damos ao mundo. Muitos levam a mão ao peito estendendo-a a outro coração, até que as diferentes mãos se entrelaçam. Peço algumas vezes que congelem a imagem dos encontros, conscientizando o olhar do seu parceiro para, depois, fecharem os olhos. Quando eu toco em alguém, este tem de criar a estátua de qual é seu sentimento, além de expressá-lo em voz alta, e os demais inventam uma estátua como ressonância desse afeto do colega. Retornam seu caminhar até o próximo solilóquio que os paralisa e exige novas criações. Aparecem muitas estátuas: alegria, serenidade, prazer, amor, paz. Uma nova canção, cuja percussão é marcada por ritmo africano que fala sobre o Haiti, onde ninguém é cidadão, sendo os pobres e negros oprimidos, leva o grupo a expressar-se com gestos de resistência. Repetem o exercício de estátuas surgindo então sentimentos como luta, força, pressa e fé. Tomo o foco dessa última para que percebam como vivem sua fé ao escolherem o olhar que maior impacto lhes causou. Cada dupla cria a imagem desse encontro, atribuindo-lhe um nome.

Em círculo, ouvem a canção que agora fala da "pátria que me pariu" e de todas as dificuldades de sobrevivência nessa estrutura tão opressiva. Cada um, ao centro da roda, encena um momento do cotidiano urbano, enquanto a seqüência de cenas compõe uma criação coletiva. Depois de esquetes de violência, seguiram-se as seguintes cenas:

CENA 7: Um homem deita-se no chão, encolhido, e duas mulheres tocam-no, sendo que uma acaricia suas costas e a outra passa por cima de seu corpo, como se lutasse capoeira.
CENA 8: Um homem de pé, com seus braços levantados diante desse que está deitado, parece emanar energia para que o doente se recupere. Estende sua mão para que ele se erga.
CENA 9: Uma mulher, como se estivesse com um bebê nos braços, entrega-o a um homem que se aproxima dela para segurá-lo com o máximo de cuidado.
CENA 10: Um homem e duas mulheres encontram os dois que estão em relação de cura, agora em pé, abraçados ao centro desse grupo. Outros juntam-se a eles enquanto os do centro saem do círculo.
CENA 11: Um bebê passa por vários colos bastante cuidadosos. Uma mulher rouba-o, e outras duas ajudam a recuperá-lo, capturando-a. O grupo abraçado divide-se em cuidadores do bebê e dançarinos.

CENA 12: O bebê é acolhido pelos dançarinos. Alguém senta para escrever e tirar fotografias.
CENA 13: Diante do personagem de pé e de braços abertos, uma mulher ajoelhada reza com outro fiel ajoelhado atrás de si.
CENA 14: Todos assistem atentos a um casal que, agarrando algo que está perto do chão, passa em volta de todo palco nessa mesma posição.

Congelam suas imagens e respondem, por sua vez, quem são e onde estão. Os sentimentos da platéia são repetidos pelos demais como se fosse um coro. Algumas *performances*: diante do personagem Uma Imagem na Terra o solilóquio é "admiração!" O Indeciso toca o grupo como "esperança!" Uma Mulher com Fé surpreende como "força!" Maria na Igreja provoca "carinho!" O Homem que Convida a Compartilhar emana "comunhão!" O Jornalista reflete "cotidiano!" A Energia produz "luz!" Um Ser Humano Enfeitiçado atrai "magia!" Uma Mãe Amorosa sugeriu "gratidão!" Fé e Esperança no Coração de Todos recebe "obrigado!" O grupo bate palmas como no final de um ato.

Nesse momento, cada um relata parte da história vivida ali para que o seguinte a complete.

Começam por: Era uma vez "uma mulher orando porque seu filho estava doente... alguém ajudou a encontrar um médico... e ela ficou muito perdida... aí, ela não tinha dinheiro para pagar o médico e o jornalista ajudou... e descobriu que o médico não queria atender ninguém às 5 da manhã... e publicou no jornal o seguinte, médico preguiçoso, medicina falida... e chegaram muitos amigos, uns cinco companheiros em Porto Alegre revoltados (recomeçam a atuar indo ao encontro da Mãe com seu bebê no colo, ajudam-na a levantar-se, gesticulando com braços levantados e punhos cerrados, logo assumindo os papéis anteriores)... o povo se uniu para uma manifestação... o conselho médico não quis assumir a posição do médico... virou notícia nacional... ela foi para a praça com a Criança... e a passeata andou dias e dias pela cidade... ela foi hospitalizada... encontraram uma imagem na cidade... em torno dela se fez a energia, a luz... e tiraram o Cristo da cruz (o homem de braços abertos sai dessa posição, o grupo sorri)... e a Criança morreu (a Mãe chora)... não, ela só estava enfeitiçada, a magia entrou em ação, ela reviveu (a Mãe depois de estar com seu filho ao chão levanta-o com mais pessoas)... e o capoeirista celebrou a vida da Criança... fizeram uma roda de capoeira (todos no palco batem palmas e dançam em círculo enquanto algumas duplas jogam) e começaram a cantar: vamos começar a brincadeira numa roda de capoeira (repetiram várias vezes)... viva a diversidade da cidade!" (alguém gritou encerrando a roda)

Analiso o final feliz dessa história, pois não termina com samba ou pizza, como geralmente acontece no Brasil, mas com capoeira. Os atores surpreendem-se com meu comentário. Complemento explicando que, na tradição oral, contam-se diferentes versões sobre a comunidade. Por isso, escolho dois novos diretores da cena para narrarem sua visão sobre os acontecimentos. A narradora pede aos presentes no palco que se tornem pessoas muito tristes, que chorem muito por estarem descrentes de tudo. Entram em cena a Morte, um Jornalista Triste e mais algumas três pessoas velando a Criança Morta. Essa diretora torna-se a personagem Véu da Ilusão! O outro diretor/narrador diz que é o Fogo da Transformação! A platéia bate palmas. O Véu da Ilusão corre em volta do grupo que chora pela morte da Criança, abanando as mãos como se emanassem fluidos, falando com uma voz muita engraçada: "Eu sou o Véu da Ilusão, vamos, vamos ficar tristes, chorem bastante. Olha essa Mãe coitadinha, chorem vinte dias, luto nacional pela morte da Criança!" O Fogo da Transformação tenta tirá-los dessa posição de impotência diante da morte da Criança, discutindo com o Véu da Ilusão até que parece tornar-se o vencedor. Reagindo ao luto, um homem carrega a Morte nos ombros para afastá-la dali. Congela-se a cena e a platéia expressa peso, alívio, sufoco, renascimento, desafio. O Carregador da Morte continua: "Eu preciso de alguém pra me ajudar, a Morte é muito pesada pra carregar." Um homem responde: "Enterra! Vamos fazer uma coisa mais fácil, vamos dar vida pra essa Morte que acabou" (ajudando-o a descer a Morte dos seus ombros). Este responde: "Isso, me ajuda, é muito difícil!" (ambos levantam a Morte que se torna uma estátua de braços abertos). Uma mulher, no palco, grita: "Vem que a vida está aqui!"

Modifico o foco da cena para onde está sendo velada a Criança. Retiram-na do chão como se estivesse deitada em uma cama, provocando "esperança, ilusão, desilusão, alegria, certeza de que há algo bem maior que a gente, ideal, energia, amor". O Fogo da Transformação, em pé, manifesta-se: "Foi aí que Jesus desceu da cruz!" (com as mãos na cabeça do Véu da Ilusão parecendo dominá-la).

Conto à Criança que existe um mito na comunidade sobre sua existência, enquanto a levo ao encontro do Véu da Ilusão e do Fogo da Transformação para conversarem sobre sua versão da história. Eles a constroem. A Criança fala que acabou o Véu da Ilusão, esse papo de que a morte é o fim, de que todo mundo tem que sofrer. Perguntam-lhe: "Não vai haver mais desigualdade?" E ela responde: "Pode ser que haja, dependendo do jeito que você viver cada momento de sua vida. Se escolher viver com todo seu coração, e parar de acreditar que tudo tem que sofrer e se acabar, então você vai morrer vendo isso simplesmente acontecer e acreditar no que conquistou." Os outros personagens comunicam-se corporalmente como se entregassem à platéia algo que sai do coração. Uma mulher negra questiona: "Acabou o preconceito do racismo?" Véu da Ilusão esclarece: "Acabou com o amor, o coração é gigante e cabe tudo nele, só tem é amor. Em vez de pensar naquilo que não é, na infelicidade, a gente pensa no que pode ser, no que é belo e dá alegria. É o coração que faz essa Criança renascer, ela perceber que não morre, que continua viva trazendo luz do cardíaco pro mundo." O Fogo da Transformação confirma: "A gente nem pensa, só sente com o coração." Outra mulher duvida: "E o que a gente fez com o capitalismo, com o Bush, como é que a gente vai viver nesse novo mundo agora? A gente vai criar comunidades alternativas, viver em casa de bambu, barro, essas coisas?"

Esclareço a ela que foi apresentado o fim da história. Como no palco psicodramático, as cenas podem acontecer no passado, presente ou futuro, convido-a a imaginar como foi a época da humanidade em que coisas começaram a se transformar lentamente (todos riram surpresos). Surgem personagens à medida que ela fala: "Naquela época das cidades, sabe, várias pessoas tinham muita insatisfação e desejavam mudar, teóricos pensavam em sociedades alternativas, em outra maneira de viver. Diferentemente do que aconteceu lá no passado, que somente com revolução armada conseguiriam, como na Rússia, elas planejaram comunidades, cada um na sua, com outras relações que não de hierarquia". Cada ator escolhe com quem cria sua comunidade.

COMUNIDADE 1: Um homem apresenta-se: "Eu sou a parte da comunidade que pesquisa culturas populares e ciências do século XX como a psicologia. Hoje tudo é um conhecimento só. Percebi nos estudos que o cérebro humano precisa de chaves que vêm da natureza, tanto medicamentos naturais para curar quanto para estimular e alterar sua consciência. Nós hoje somos mais abertos para qualquer tipo de plantas que fazem bem para o organismo como erva-mate e maconha!" (muitos risos). Outro habitante reforça: "A gente faz músicas e danças para experimentar esse conhecimento todo e deixar marcado na cabeça das pessoas. A arte é a maior prova da evolução do ser humano e é central aqui." Um espectador manifesta-se: "Eu reconheço o poder das plantas, mas numa sociedade com pessoas tão evoluídas esse empoderamento já vai estar nelas. Não precisam de coisas exteriores para transcender e abrir suas portas." Um homem retrucou: "Não vivo nessa cidade. Eu vivo onde é tudo diferente, tem carro, elevador, o barulho do trem me acorda, como entender isso?" O estudioso ensina: "Vai ter que dar um salto histórico e técnico. Primeiro aceitar sua sociedade, o bom e o ruim, se voltar para dentro de si e tentar mudar."

COMUNIDADE 2: Duas mulheres relatam desrespeitos sofridos pelos homens e a conseqüente descrença na sua potencialidade. Organizadas em grupos, tornaram-se unidas pelo desejo de transformação pessoal e coletiva, conquistando consideração pelo seu árduo trabalho, doméstico e fora do lar, e reconhecimento pela responsabilidade com filhos e maridos. O universo feminino espalhou sensibilidade, ensinando prazer e imaginação ao cotidiano das famílias. Vários solilóquios: "respeito, carinho, apoio, superação, aprendizagem, medo porque pode virar o oposto!"

COMUNIDADE 3: Um rapaz e uma mulher jogam pedras (bolinhas de jornal) na platéia, intercalando suas frases: "Agora é a nossa comunidade... do rolo compressor... do capitalismo... no meio do caminho tinha uma pedra... tinha uma pedra no meio do caminho... por causa da fome... violência... terrorismo... na miséria... na ganância." Aproximam suas mãos como uma estátua em que o dedo indicador de um toca a palma da mão do outro. Algumas emoções: "revolta, realidade, confusão, indignação, ação, igualdade de gênero." Aparecem questões: "Tinha uma pedra ou ela está lá?" Responde um deles: "Sim, não tem como tirar porque ela é pesada, incomoda a todos." Nova reação: "A comunidade existe para observar a pedra?" A outra habitante explica: "Por mais que você tente, muitos estão tão fatigados que esquecerão essa pedra." O homem afirma que nós somos a pedra, estamos esmagados debaixo dela e esmagando, sem termos poder de escolha. Pergunto se estão com corpos empedrados, sem vida, e eles concordam. Um espectador recomenda-lhes a comunidade dos estudiosos sobre plantas.

COMUNIDADE 4: Agachados, um homem e uma mulher demonstram colher algo, dizendo plantar somente aquilo que comem, não podendo comer sem primeiro plantar. Ensinam como tocar na terra, cavá-la, colocar sementes, adubá-las com lixo orgânico e esperar seu tempo de colheita, pois não utilizam agrotóxicos. Proponho-lhes, como professores, que orientem uma plantação conjunta, na qual o grupo incorpore o personagem agricultor de sonhos, imaginando seus desejos e quais ações irão concretizá-los. Todos caminham agachados, olhando-se e sorrindo, concentrados nesse mutirão por uma terra fértil. Instruo-os a perceberem suas mãos, despertando-as para a vida que necessitam preservar. Um dos instrutores alerta sobre o poder das mãos de plantar em qualquer solo, mesmo aqueles difíceis, com pedra. Defino que agora esse terreno é o do coração, que coloquem as mãos a sentir o seu pulsar, enquanto lhe revelam o que de especial plantam nele. Recordo que, nessa vivência, aprenderam a inspirar pessoas, a ter fé no olhar e que seus corpos não ficam empedrados se sentirem profundamente a si mesmos e aos outros. Andam nesse solo mágico, em sintonia com a energia de amor que parece crescer a cada encontro cúmplice, escutando a mesma canção do início da oficina chamada Paciência. O pulsar do coração, na música, é o mesmo que soa multiplicado, dentro e fora de cada um, despertando-lhes a potência adormecida na concretização de um mundo desejante. Uma rede de vida é tecida por esses nômades crédulos do que guardam suas sementes. Seu respeito ao tempo da terra é a sabedoria maior que possuem. Somente isso eles protegem!

REFERÊNCIAS BIBLIOGRÁFICAS

BELLO, M. C. (org.). *Primer sociodrama público e simultáneo da América Latina – Escenas de los Pueblos*. Cidade do México: Universidade Autónoma de México/Centro de Investigaciones Interdisciplinarias en Ciencias y Humanidades, 2004.

CAMPOS, G. W. S. *Reforma da reforma: repensando a saúde.* São Paulo: Hucitec, 1992.

CAPRA, F. *A teia da vida – Uma nova compreensão científica dos seres vivos.* São Paulo: Cultrix, 1996.

DABAS, E. *Red de redes – Las práticas de la intervención en redes sociales.* Buenos Aires: Paidós, 1993.

ETCHEVERRY, J. A. *Violencia política, sintomas sociales y capacidad resistente: el foro social como fábrica de la cultura de la paz*. Buenos Aires: Lectour, 2004.

GARAVELLI, M. E. *Odisea em la escena: teatro espontâneo*. Córdoba: Brujas, 2003.

MALTA NEVES, S. "Psicodrama em redes: formando o intercessor social". In: CD V Congresso Ibero-americano de Psicodrama. México, maio 2005.

________. "Psicodrama na cidade subjetiva: fluxos da saúde mental à saúde social". *Revista Equilibrareh*: *o homem em equilíbrio com o meio*. Porto Alegre, ano V, p. 39-42, jul. 2003.

MORENO, J. L. *Quem sobreviverá? Fundamentos da sociometria, psicoterapia de grupo e sociodrama*. Goiânia: Dimensão, 1992.

________. *Quem sobreviverá? Fundamentos da sociometria, psicoterapia de grupo e sociodrama*. Goiânia: Dimensão, 1994.

NAFFAH NETO, A. *Psicodrama, descolonizando o imaginário*. São Paulo: Brasiliense, 1979.

FAMÍLIA E COMUNIDADE: TRABALHANDO COM SISTEMAS NA TRANSFORMAÇÃO SOCIAL

9

MARILENE GRANDESSO

Neste artigo proponho-me a abordar o campo da terapia familiar sistêmica especialmente no que diz respeito ao seu panorama atual. Pretendo também considerar a importância do trabalho sistêmico com comunidades e, especificamente, a terapia sistêmica num modelo não-convencional, possível de ser desenvolvido com grandes grupos. Dois aspectos nortearam este trabalho – a mudança paradigmática que estruturou a prática clínica e a produção do conhecimento caracterizada como a virada pós-moderna e, como um segundo enquadre, a demanda por modelos de amplo alcance que possam suprir as necessidades das comunidades.

TERAPIA FAMILIAR – MUDANÇAS TEÓRICO-EPISTEMOLÓGICAS

Nascida no início da década de 1950, num berço transdisciplinar, a prática da terapia familiar sistêmica vem se organizando em torno das mudanças paradigmáticas que atingiram os campos de conhecimento em geral e as práticas deles derivadas. Embora o referencial sistêmico em si já caracterize um salto qualitativo ao compreender os dilemas humanos como interacionais, organizados por princípios de causalidade circular, enfatizando, portanto, a interdependência entre os fenômenos e ressaltando a importância dos contextos para o entendimento dos problemas humanos, a terapia familiar que se praticou até o final da década de 1970 tinha como eixo norteador o modelo de pensamento da modernidade. Assim, os primeiros modelos de terapia sistêmica pautaram-se pelos princípios da objetividade, simplicidade e estabilidade, próprios da ciência tradicional e dos limites da modernidade em que surgiu. Quem quer que considere os primeiros modelos que surgiram nos primeiros vinte e cinco anos de terapia familiar sistêmica (o *Comunicacional*, de Bateson, Haley, Satir e Jackson; o *Interacional* ou *Terapia Estratégica Breve*, do Mental Research Institute em Palo Alto; o *Estrutural*, de Minuchin; o *Estratégico*, de Haley e Madanes; o *Experiencial Simbólico*, de Whitaker; o *Intergeracional*, de Bowen e Borzomeny-Nagy; e o *Sistêmico de Milão*, no seu primeiro momento, quando o grupo era integrado por Selvini-Palazzoli, Prata, Cecchin e Boscolo) poderá encontrar tais princípios nas metáforas teóricas de cada modelo e, especialmente, na postura do terapeuta. Princípios de homeostase familiar, enlaces de *feedback* negativos ou positivos, intervenções paradoxais ou outras diretivas, noções de jogos ou contra-jogos, orientavam uma prática de primeira ordem, tendo na sua condução um terapeuta que exercia um papel de especialista, capaz de diagnosticar os problemas da família e decidir pelas intervenções reparadoras necessárias.

Contudo, a virada pós-moderna, decorrente da crise epistemológica da pós-modernidade, colocou em xeque seus pressupostos e derivou também para um nova prática sistêmica, organizada em torno do significado e de práticas hermenêuticas. Os modelos de terapia sistêmica desenvolvidos após a década de 1980 buscaram outros princípios, agora definidos em torno dos eixos organizadores da complexidade, instabilidade, imprevisibilidade e intersubjetividade, associados ao modelo de pensamento da pós-modernidade, muitas vezes caracterizado como pensamento novo paradigmático (Esteves de Vasconcellos, 2002). Essa mudança de princípios, que, no meu entender, caracteriza uma mudança paradigmática da modernidade para a pós-modernidade, implicou uma redefinição na maneira de conceber a família como um sistema, na noção do que vem a ser seus problemas, no questionamento da noção de diagnóstico, no entendimento do que vem a caracterizar a mudança numa prática clínica, na maneira de estruturar e conduzir o processo terapêutico e, essencialmente, na relação terapeuta–cliente, seja este uma família, um casal, um indivíduo ou mesmo uma comunidade.

PRESSUPOSTOS DA TERAPIA FAMILIAR PÓS-MODERNA

Independentemente do modelo praticado, numa terapia familiar compreendida sob esse guarda-chuva paradigmático, os pressupostos principais são os mesmos, resultando em algumas suposições norteadoras para os terapeutas:

- a pessoa é compreendida como um ser social, vivendo numa rede de significados construídos nos múltiplos sistemas a que pertence ao longo de sua existência, sendo a família um deles;
- a linguagem é considerada generativa na construção de significados que são organizados em múltiplas narrativas, sempre abertas a mudanças;
- a compreensão relacional e não essencialista de *self* lingüisticamente construído nos múltiplos contextos de vida e de relação;

- o reconhecimento da capacidade de agenciamento da pessoa, em condições de fazer escolhas e agir dentro de um posicionamento moral e ético;
- a impossibilidade de acesso a uma realidade objetiva, o que, no campo da terapia, resulta na implicação da pessoa do terapeuta, uma vez que não se pode separar sujeito cognoscente e objeto de conhecimento.

Evidentemente, essa mudança conceitual afetou também a maneira de compreender a família. Como todo sistema humano, a família também passa a ser vista como geradora de linguagem e significados, o que, indo além do mundo *psi*, remete, inexoravelmente, à idiossincrasia dos micros e macros contextos em que define sua existência:

> [...] assumindo múltiplas formas de organização, constituída por distintas ideologias, referências culturais e em constante transformação em função dos avanços científicos, tecnológicos e mudanças sociais e econômicas. A família, hoje, sem um modelo definidor, caracteriza-se como a família de cada um, uma organização social em constante metamorfose, pluralística nas suas inúmeras possibilidades, cuja principal exigência para sua continuidade e bem-estar tem recaído sobre a flexibilidade para fazer frente às inúmeras demandas de um mundo em transformação galopante (Grandesso, 2003, p. 2).

Nas práticas das terapias sistêmicas pós-modernas encontramos, portanto, um(a) terapeuta que se pauta pela atitude de não-saber, abandonando o papel de *expert* em diagnósticos e intervenções. Independentemente de qual seja a abordagem pós-moderna, a família co-constrói com o terapeuta o sistema terapêutico, a definição de problema e de mudança. Compete ao(à) terapeuta, contudo, a organização de um espaço de conversação que possa gerar um contexto instigador e reflexivo, a partir do qual a família, a comunidade, ou quem forme o sistema terapêutico, possa acessar seus próprios recursos e produzir suas próprias mudanças. Portanto, nessa organização de terapia, família, comunidade e indivíduos têm legitimado seus conhecimentos a partir da própria experiência vivida, na linha do que Shotter (1993) considera como conhecimento de terceiro tipo.

Portanto, ao compreendermos a família, assim como todo sistema humano, como um sistema autônomo, auto-organizador, estamos assumindo que suas mudanças decorrem de sua organização sistêmica, ou seja, são geradas autopoieticamente, de acordo com o que Maturana e Varela (1987) definem como estruturalmente determinadas. Nada pode se passar num sistema que não venha de dentro do próprio sistema e de sua dinâmica operacional. É nesse sentido que podemos dizer que os sistemas vivos – como uma família ou uma comunidade – não só têm os seus problemas, mas também a capacidade de gerar suas soluções, ou saídas sistêmicas.

TERAPIAS PÓS-MODERNAS – UM OLHAR SOBRE A FAMÍLIA E A COMUNIDADE

Sob a égide dessa mudança paradigmática acima descrita, ao transitarmos pelo território das práticas sistêmicas pós-modernas, as metáforas teóricas passam a se organizar em torno de outros conceitos, tais como os de sistemas lingüísticos, auto-referência, autopoiese, narrativa, conversação, reflexão, diálogo, histórias e significado.

O panorama do campo das terapias que se afinam com tais concepções é amplo, conforme apresentado mais detalhadamente em publicação anterior (Grandesso, 2002). Podemos compreender como afinados com os pressupostos do pós-modernismo os vários modelos narrativos, dentre os quais incluo as micropráticas transformativas, conforme o trabalho de Sluzki (Sluzki, 1992, 1998), o modelo narrativo desconstrutivo de Michael White (White, 1988, 1991, 1993, 2004; White & Epston, 1990 e Freedman & Combs, 1996) e os organizados pelos processos reflexivos, conforme o trabalho de Tom Andersen (Andersen, 1987, 1991, 1995, 1997); as abordagens colaborativas, representadas pelo grupo do Galveston Institute de Harlene Anderson (Anderson, 1994; 1997; Goolishian & Anderson, 1994; Anderson & Goolishian, 1988, 1992); as pós-modernas críticas, como a *Just Therapy* (Waldegrave, 1990, 2000) e a terapia comunitária sistêmica integrativa, proposta por Adalberto Barreto (Barreto, 1997, 2005) – estas duas últimas tendo como um dos pilares de sustentação as idéias de Paulo Freire e, finalmente, as tradicionais abordagens estruturais e estratégicas que se redefiniram conceitualmente, e na prática, de acordo com o novo paradigma.

O que se tem observado na prática é que, como os pressupostos dessas abordagens são os mesmos, um(a) terapeuta que se define como pós-moderno(a) pode transitar entre esses distintos modelos, que são complementares sob alguns aspectos e compatíveis na sua maioria. Contudo, independentemente da abordagem praticada, ao assumirmos uma nova posição paradigmática para a terapia familiar, dentro de um referencial pós-moderno, a ênfase do trabalho terapêutico recai sobre o *significado*, um tema cuja transversalidade o coloca num contexto transdisciplinar. Portanto, se a terapia familiar sistêmica nasceu sob o manto da transdisciplinaridade, sua virada paradigmática também se deu num contexto transdisciplinar.

FAMÍLIA NO CAMPO DO SIGNIFICADO

Como seres humanos vivendo nos tempos contemporâneos, pertencemos a múltiplas redes, configurando uma diversidade de sistemas simbólicos justapostos, sobrepostos e miscigenados. A diversidade de modelos de organização dos sistemas humanos configura distintas matrizes de significação com suas organizações próprias. Transitamos hoje entre o tradicional e o pós-moderno, num mosaico de organizações familiares que definem novas regras de parentesco – famílias nucleares com pai e mãe casados ou em uniões consensuais morando juntos, ou morando em domicílios diferentes; famílias monoparentais, tanto de homens como de mulheres, vivendo com seus filhos; famílias de *gays* e lésbicas com ou sem filhos, seus mesmos ou adotivos; famílias com filhos adotivos; famílias de recasamento, resultando em diversificados laços de parentesco; família de escolha, sem contar a emaranhada, e até há algum tempo inusitada, possibilidade de laços de parentesco em função dos avanços no campo da engenharia genética e métodos de fecundação, com doações de esperma e óvulos, barriga de aluguel e outros. Essa diversidade faz jus à expressão usada por Giddens (2000) ao se referir à família como instituição-casca. As narrativas sobre família envolvem múltiplos significados decorrentes de distintos sistemas lingüísticos – legais, socioeconômicos, culturais e emocionais, dentre outros. Sluzki (1997, p. 32) considera que

> o contexto cultural reorganiza a cada vez como a família se define a si mesma e como nós a representamos ou construímos... os sistemas e o meio ambiente co-evoluem. Nosso objeto de estudo, portanto, não é a "verdadeira família", [...] mas a diversidade sempre mutante de formas, redes e contextos sociais.

Sluzki considera ainda que corremos o risco de reificar o conceito de família ao tentar apreendê-la, congelá-la e estudá-la, "transformando-nos em neutralizadores normativos e em porta-vozes de forças conservadoras" (1997, p. 32).

Assim, uma terapia da família em meio a essa diversidade de formas de organização da vida, num campo em evolução constante, implica a consideração de cada família como única, buscando uma compreensão das suas particularidades organizacionais, das narrativas construídas para organizar o vivido em uma maneira singular de atribuição de significado à experiência. Portanto, numa perspectiva ecossistêmica própria de um(a) terapeuta pós-moderno(a), as formas de organização da vida em família precisam ser consideradas tanto em relação às necessidades de cada membro, ao longo de sua trajetória individual, quanto da família como um todo, e dos sistemas sociais em que está inserida. Há uma interdependência e interconstituição entre estas distintas esferas da vida – a individual, a familiar e a social. Além dos recursos de cada membro e os da família como um todo, temos de considerar os recursos disponíveis no meio como contexto que favorece ou restringe o bem-estar.

Nesse sentido, trabalhar com famílias e as comunidades que se formam exige do(a) terapeuta uma ampliação da escuta e da visão para poder organizar sua prática, transitando entre o microcontexto do universo particular de cada família e o macrocontexto de uma sociedade em mudanças constantes e em ritmo galopante. Famílias com pais de dupla carreira, pais singulares, famílias em condições de pobreza, por exemplo, criam demandas específicas e estão sujeitas a muitas fontes de pressão, nem sempre encontrando recursos suficientes, não só internamente mas também na esfera social. Ser uma família pobre, por exemplo, com filhos pequenos, necessitando do trabalho para sobrevivência, requer um sistema de apoio para cuidado dessas crianças. Minuchin, Colapinto & Minuchin (1999) considera que a pobreza cria o contexto para o surgimento de crises múltiplas, em que a carência generalizada acarreta dificuldades de sobrevivência material e emocional, dificuldade de acessos aos serviços disponíveis de atenção à saúde, educação, trabalho e moradia. Além disso, a ausência de apoio da família extensa, muitas vezes distante geograficamente, mas também decorrente da nova posição das mulheres no campo de trabalho, a falta de dinheiro para viabilizar serviços, a ausência de serviços governamentais ou civis de apoio à família, por exemplo, configuram contextos de vulnerabilidade, cujas fontes transcendem o universo intrafamiliar e a esfera do *psi*.

Toda essa situação, de acordo com uma terapia sistêmica e pós-moderna da família, conduz a considerá-la como um *holon*, ou seja, tomando-a ao mesmo tempo como um todo e uma parte (Minuchin & Fishman, 1990), dependendo de ajustarmos nossa lente para um *zoom*, em que as micropráticas relacionais ocupem todo o foco, ou como uma lente grande angular, em que a família passa a ser compreendida como um ponto numa tela panorâmica em meio a um turbulento universo socioeconômico e cultural. Se, por um lado, as famílias têm demandas próprias, vindas de seu momento evolutivo no seu ciclo de vida e das particularidades de sua organização diante das demandas existenciais, por outro, um relacionamento inter e extrafamiliar harmonioso implica a necessidade de conseguir conviver num bom acoplamento estrutural com o diferente, o inusitado, mantendo tanto a sua autonomia como a sua capacidade de mudança.

Diante desse panorama, pode-se compreender que a terapia familiar sistêmica, de acordo com o pensamento da pós-modernidade, tenha se encaminhado cada vez mais para uma postura hermenêutica, implicando necessariamente a pessoa do(a) terapeuta como parte integrante do processo de construção de significados, no decorrer de um processo terapêutico, e tenha estendido o mundo *psi* para definir uma prática que considere as dimensões macrocontextuais que afetam a vida em família.

TERAPIA COMUNITÁRIA SISTÊMICA – A COMUNIDADE EM TERAPIA

Muitos de nós, terapeutas familiares, tendemos a considerar os problemas que levam as famílias à terapia – dificuldades no relacionamento conjugal ou familiar, dependência de drogas e álcool, problemas psicossomáticos, depressão, dentre outros – a partir exclusivamente da lente *psi,* focalizada especialmente sobre a dinâmica familiar. No entanto, muitos desses problemas têm no seu contexto gerador fatores externos à própria família, presentes num panorama social que restringe as alternativas para uma existência saudável e em condições de saúde e dignidade. Pessoas, famílias e comunidades adoecem quando submetidas a questões decorrentes da desigualdade de recursos e de condições materiais, devidas à pobreza, más condições de habitação e de higiene, desemprego, experiências racistas, sexistas e de exclusão de qualquer natureza, levando a um sentimento de menos valia, desamparo, impotência, isolamento social e muitas outras formas de degradação humana.

Como terapeutas sensibilizados para a dimensão social dos problemas, temos de considerar que as condições opressivas e ultrajantes de vida associam-se às taxas de mortalidade e adoecimento físico e psíquico. Tratar tais problemas focalizando apenas as inter-relações e padrões inerentes à dinâmica familiar, tradicionalmente associados ao universo *psi,* pode ter uma efetividade nesse cenário do ponto de vista imediato e local, mas devolve a família para o seu contexto gerador, com riscos de banalizar agentes externos e responsabilizar as pessoas e suas famílias pelos problemas que vivem, como se fossem responsáveis por seus próprios males e fracassos. Todos nós, terapeutas, trabalhando numa clínica social, conhecemos situações dessa natureza com as famílias que atendemos. Wanderley (2002) afirma, nesse sentido, que pobreza, em qualquer de suas formas, favorece a ruptura dos vínculos sociais, resultando num acúmulo de *déficits* e precariedade. Adotar um posicionamento sistêmico novo-paradigmático, implica incluir as condições apresentadas pelo macrocontexto socioeconômico, político e cultural no trabalho do terapeuta familiar, levando-o a questionar seus modelos de atuação, assumindo uma função social e política. É nesse cenário que surge a Terapia Comunitária Sistêmica Integrativa, proposta por Adalberto Barreto (Barreto, 2005).

Embora não me proponha aqui a apresentar uma descrição do modelo nos aspectos que, no meu entender, caracterizam o seu diferencial enquanto proposta de atendimento às comunidades, creio ser importante ressaltar sua efetividade e originalidade. Sucintamente falando, trata-se de um modelo que promove a formação de redes sociais solidárias, a troca de experiências entre os participantes e o fortalecimento ou resgate da auto-estima de pessoas que, muitas vezes, nem mais reconhecem o sofrimento como alarmante. Tendo o sofrimento humano como seu contexto definidor, essa terapia se desenvolve no sentido de ressaltar competências, fortalecer a auto-estima e o empoderamento de pessoas, famílias e comunidades. Partindo do reconhecimento de cada pessoa como legítima, a terapia comunitária sistêmica ressalta suas competências e recupera a sua dimensão de sujeito, autor e protagonista de sua própria história. O compromisso, quando se reconhece essa dimensão subjetiva da pessoa, é com o sofrimento humano e, como bem diz Adalberto Barreto, o meio de realização é a garimpagem de recursos que só podem vir do legítimo reconhecimento de competências, dos saberes locais, dos valores culturais e da sabedoria adquirida a partir da própria experiência.

Tendo como um de seus pilares de sustentação o pensamento de Paulo Freire, essa terapia comunitária valoriza a multicultura brasileira, nascida da miscigenação de raças, e o saber popular construído pela experiência de vida de cada um, além dos próprios recursos da comunidade. Por outro lado, trata-se de um modelo não convencional de terapia. Simples, passível de ser desenvolvido com grandes grupos, em qualquer espaço físico em que pessoas possam estar em conversação (Grandesso, 2005), os resultados de tal prática vêm demonstrando sua eficácia como um instrumento de intervenção social e atenção à saúde, valorizando a prevenção e qualidade de vida. As atitudes norteadoras dessa prática envolvem o acolhimento respeitoso de todos os participantes, formação de vínculos e empoderamento das pessoas, incentivando o protagonismo, ao favorecer que cada um dos presentes fale na primeira pessoa, e a co-responsabilidade na busca de novas alternativas existenciais.

TERAPIA E TRANSFORMAÇÃO SOCIAL: CONSIDERAÇÕES FINAIS

Se considerarmos as mudanças paradigmáticas que nortearam as práticas sistêmicas, tanto do ponto de vista epistemológico como do rompimento das barreiras disciplinares sempre presentes na sua história, vemos que o próprio conceito de terapia acabou sendo reinventado ao incluir também uma vertente social. Gergen (1994) considera que toda narrativa deve ser compreendida como uma ação situada, uma vez que ela tem efeitos concretos. Podemos incluir nesse universo as narrativas que são construídas nos espaços de conversação que organizam as práticas terapêuticas, uma vez que elas podem criar distintos mundos ao manter ou extinguir determinadas narrativas. Assim, as práticas de terapia, de acordo com esse recorte que apresentei aqui, deveriam promover uma revisão da postura das famílias e comunidades diante da vida, a partir de uma ampliação da consciência crítica, por meio da reflexão. Neste sentido, uma terapia pós-moderna poderia favorecer a construção de narrativas fluídas, abertas às circunstâncias que demandam respostas efetivas para uma vida digna, construída por meio das práticas dialógicas, do respeito pelas diferenças e da valorização de formas de convivência solidária.

Portanto, podemos dizer que um(a) terapeuta que questione seus próprios valores, perguntando-se pelo tipo de narrativas que tem favorecido ou restringido, que jogos de linguagem têm sido organizados por elas, estará fazendo do contexto de terapia um contexto de transformação social, a serviço dos direitos humanos e do exercício da cidadania, da dignidade humana e justiça social. Este é um desafio para o terapeuta sistêmico do século XXI: ajudar as pessoas a serem reconhecidas pelo nome, ajudá-las a ter voz e vez, a participar de relações mais igualitárias, atuando como autoras não só de suas histórias, mas das histórias coletivas. Isto implica libertar a prática clínica de seus limites modernos, culturais, de classe e gênero, conforme considera Waldegrave (1990, 2000). Os modelos de terapia nas sociedades pós-industriais têm funcionado bem para pessoas com acesso a esses recursos, não tendo tido sucesso para transformar vidas de pessoas culturalmente marginalizadas, cujos problemas, muitas vezes, decorrem das situações de desigualdade. Se pensarmos essa prática de acordo com os conceitos de Maturana, podemos compreendê-la como um ato de amor, na medida em que reconhece a singularidade e legitimidade do outro, trabalhando a serviço da descronificação das dores, muitas vezes, ressonâncias dos sofrimentos coletivos. A escuta respeitosa da voz de cada membro da família ou da comunidade em terapia, formando um coro e uma dança comuns, promove a saída do anonimato, resgatando não só o poder da palavra, mas de cada indivíduo e sua comunidade, promovendo suas soluções criativas para seus problemas e vicissitudes da vida. Assim, como terapeutas, podemos trabalhar não só pela redução do sofrimento humano, mas pela inclusão e inserção social numa ação extensiva a muitas famílias e comunidades. Podemos escolher como e onde realizar nossa prática. Certamente, ela será de relevância, se praticada com seriedade, dentro dos princípios éticos que regem as práticas de atenção ao bem-estar da pessoa. Contudo, se estivermos comprometidos com as questões fundamentais de nossa época – que marginalizam certos grupos de pessoas, restringindo ou excluindo as suas possibilidades de viver com dignidade e respeito –, para que nossa ação possa repercutir, necessitamos nos conectar também a outros profissionais, tecendo novas redes transdisciplinares, e sair para a coletividade, para o lugar onde as pessoas vivem e as organizações que vivem em suas famílias e comunidades. O foco clínico tradicional é estreito para lidar com o sofrimento coletivo. Isto implica ampliar o alcance da lente *psi* para considerar os problemas numa dimensão também social e macro, não apenas psicológica e individual, envolvendo a construção conjunta de significados preferidos.

Assim, numa prática de terapia que promova também a reflexão e ação conjunta, podemos contribuir (enquanto terapeutas de sistemas mais amplos) e lutar contra o sentimento de desamparo de famílias e comunidades. Favorecendo a conexão das pessoas com sua cultura e valorizando as competências e o saber próprio do vivido, estaremos também interferindo nos contextos das injustiças e violências do cotidiano, ajudando as pessoas a terem algum poder sobre as forças que controlam sua vida. De acordo com Espinosa (*apud* Sawaia, 2002), a ética só aparece no ser humano quando ele se dá conta de que o que mais lhe faz bem é um outro ser humano. Assim, o homem se torna ético nas relações e na valorização do outro, e um(a) terapeuta na sua prática, ao promover a convivência no diálogo, estará favorecendo a potência para a ação, podendo se constituir, assim, como um instrumento de transformação social.

REFERÊNCIAS BIBLIOGRÁFICAS

ANDERSEN, T. "The reflecting team: dialogue and meta-dialogue in clinical work". *Family Process, 26* (4): 415-428, 1987.

________. *The reflecting team: dialogues and dialogues about dialogues.* Nova York: W. W. Norton, 1991.

________. "Reflecting processes, acts of informing and forming: you can borrow my eyes, but you must not take away from me". In: FRIEDMAN, S. (ed.). *The reflecting team in action.* Nova York: The Guilford Press, 1995.

________. *Processos reflexivos.* Rio de Janeiro: Noos / ITF, 1997.

ANDERSON, H. Rethinking family therapy: a delicate balance. *Journal of marital and family therapy, 20*: 145-150, 1994.

________. *Conversation, language and possibilities: a postmodern approach to therapy.* Nova York: Basic Books, 1997.

ANDERSON, H.; GOOLISHIAN, H. "Human systems as linguistic systems: preliminary and evolving ideas about the implications for clinical theory". *Family Process, 27* (4): 371-393, 1988.

________. "The client is the expert: a not-knowing approach to therapy". In: MCNAMEE, S.; GERGEN, K. J. (eds.). *Therapy as social construction.* Londres: Sage, 1992.

Barreto, A. "Manual do terapeuta comunitário da pastoral da criança". *Movimento Integrado de Saúde Mental Comunitária*. Universidade Federal do Ceará, material não publicado, 1997.

________. *Terapia comunitária – Passo a passo.* Fortaleza: Gráfica LCR, 2005.

Esteves de Vasconcellos, M. J. *Pensamento sistêmico: o novo paradigma da ciência*. Campinas: Papirus, 2002.

Freedman, J.; Combs, G. *Narrative therapy: the social construction of preferred realities*. Nova York: W. W. Norton, 1996.

Gergen, K. J. *Realities and relationships – Soundings in social construction.* Cambridge: Harvard University Press, 1994.

Giddens, A. *Mundo em descontrole: o que a globalização está fazendo de nós*. Rio de janeiro: Record, 2000.

Goolishian, H.; Anderson, H. "Narrativa y self: algunos dilemas posmodernos de la psicoterapia". In: Schnitman, D. F. (ed.). *Nuevos paradigmas, cultura y subjetividad*. Buenos Aires: Paidós, 1994.

Grandesso, M. A. *Sobre a reconstrução do significado: uma análise epistemológica e hermenêutica da prática clínica*. São Paulo: Casa do Psicólogo, 2000.

________. "Terapias pós-modernas: um panorama". *Sistemas Familiares*, 18 (3): 19-27, 2002.

________. "Terapia familiar e reconstrução de significado: um encontro no campo da hermenêutica". Artigo não publicado referente à palestra – *On the reconstruction of the meaning: a hermeneutic assessment of the clinical care,* apresentada no Simpósio Bases Epistemológicas da Terapia Familiar Sistêmica, na VI Conferência Internacional Sobre Filosofia, Psiquiatria e Psicologia. Brasília, julho de 2003.

________. "Terapia comunitária: um contexto de fortalecimento de indivíduos, famílias e redes". *Família e Comunidade: 1* (2), 2005.

Maturana, H. R.; Varela, F. J. *El arbol del conocimiento.* Santiago: Ed. Universitária, 1987. [Edição brasileira: *A árvore do conhecimento.* Campinas: Editorial Psy, 1995.]

Minuchin, P.; Colapinto, J.; Minuchin, S. *Trabalhando com famílias pobres.* São Paulo: Casa do Psicólogo, 1999.

MINUCHIN, S; FISHMAN, H. C. *Técnicas de terapia familiar*. Porto Alegre: Artes Médicas, 1990.

SHOTTER, J. *Cultural politics of everyday life: social constructionism, rethoric, and knowing of third kind*. Buckinghan: Open University Press, 1993.

SLUZKI, C. E. "Transformations: a blueprint for narrative changes in therapy". *Family Process, 31* (3): 217-230, 1992.

________. *A rede social na prática sistêmica: alternativas terapêuticas*. São Paulo: Casa do Psicólogo, 1997.

________. "Strange attractors and the transformation of narratives in family therapy". In: HOYT, M. F. (ed.). *The handbook of constructive therapies: innovative approaches from leading practitioners*. San Francisco: Jossey-Bass, 1998.

WANDERLEY, M. B. "Refletindo sobre a noção de exclusão". In: SAWAIA, B. (org.). *As artimanhas da exclusão: análise psicossocial e ética da desigualdade social*. Petrópolis: Vozes, 2002.

WALDEGRAVE, C. Just Therapy. *Dulwich Centre Newsletter*, 1990: (1) 5-46, 1990.

________. "Just Therapy with families and communities". In: BUFORD, G.; HUDSON, G. (eds.). *Family groups conferencing: news directions in community-centered child and family practice*. Nova York: Aldine de Gruyter, 2000.

WHITE, M. "The process of questioning: a therapy of literary merit?" *Dulwich Centre Newsletter*, Winter, 1988.

________. "Deconstruccion and therapy". *Dulwich Centre Newsletter*, 3: 21-40, 1991.

________. "Commentary: the histories of the present". In: GILLIGAN, S.; PRICE, R. (eds.). *Therapeutic conversation.* Nova York: W. W. Norton, 1993.

________. *Narrative practice and exotic lives: resurrecting diversity in everyday life*. Adelaide: Dulwich Centre Publications, 2004.

WHITE, M.; EPSTON, D. *Narrative means to therapeutic ends.* Nova York: W.W. Norton, 1990.

GRUPOS MAIORES: FILOSOFIA, ESTRUTURA E DINÂMICAS

HAIM WEINBERG E STANLEY SCHNEIDER[1]

10

Como este livro se destina prioritariamente a psicodramatistas e discute a experiência psicodramática com médios e grandes grupos, é necessário esclarecer que este capítulo aborda os grandes grupos pouco estruturados sob a perspectiva psicodinâmica. É baseado em nossa experiência com grupos desse tipo em congressos de psicoterapia de grupo.

HISTÓRICO

Tem havido nos últimos anos um interesse crescente pelos grupos maiores, do ponto de vista tanto teórico quanto empírico. Há cerca de trinta anos, surgiram publicações sobre as explicações teóricas de certos aspectos dos grupos maiores, além da presença deles em congressos e em programas de formação. No início dos anos 1970, o estudo a respeito dos grandes grupos passou a integrar a grade curricular de certos programas de formação em análise de grupo. Mas foi só em 1972 que o Institute of Group Analysis e a Group Analytic Society, de Londres, incluíram formalmente a experiência com grandes grupos na parte experiencial dos seus

1 Uma versão anterior, mais sucinta, foi publicada em SCHNEIDER, S.; WEINBERG, H. (orgs.). *The large group re-visited: the herd, primal horde, crowds and masses*, Londres: Jessica Kingsley, 2003.

congressos. Seguiram-se muitos congressos internacionais e regionais, como os realizados pela American Group Psychotherapy Association, pela International Group Psychotherapy Association, pela Eastern Group Psychotherapy Association, pela Israel Group Psychotherapy Association e por outras entidades, cujos programas passaram a incluir a experiência com grandes grupos. Além disso, as comunidades terapêuticas e locais de atendimento psiquiátrico usam o grande grupo nas reuniões de equipe e com pacientes. Com o intuito de dar as informações necessárias sobre o procedimento com grupos maiores, foram lançadas duas publicações: uma coletânea de ensaios sobre o tema (Kreeger, 1975; Schneider e Weinberg, 2003) e uma edição especial da revista *Group* (17:4, 1993), que teve Harold Bernard e Kathryn West como editores convidados. O livro editado por Schneider & Weinberg (2003), pela primeira vez, tentou apresentar uma exposição e descrição clara dos aspectos teóricos, técnicos e práticos da técnica em grandes grupos.

Ao tentar localizar os primórdios do grande grupo como conceito teórico e clínico, percebemos que é muito difícil assinalar o momento preciso em que os psicoterapeutas de grupo passaram a se voltar para a dinâmica e para os fundamentos teóricos desse tipo de grupo. Existem alusões, citações, comentários e até descrições breves do fenômeno do grande grupo (ou maior) e até algumas incursões corajosas pelo mundo clínico desse tipo de grupo.

Podemos considerar a obra clássica de Le Bon, *The crowd* [A massa] (1896), uma precursora filosófica do estudo da psicologia de um grande número de pessoas reunidas – ou, como diz o subtítulo dado pelo próprio autor, *Um estudo da mente popular*. Na esteira da obra clássica *Ilusões populares e a loucura das massas* (1841), de Mackay, Le Bon concluiu que quando o indivíduo se mistura à massa subjuga o eu, seus traços singulares de personalidade e seus valores morais, a fim de fazer parte do todo mais amplo e amorfo, o que libera o lado "selvagem" da sua personalidade. Em comparação, Freud (1910) afirmou que a "psicanálise selvagem" ignorava a existência de resistências internas operantes, o que levaria à intensificação da angústia latente. Numa situação de grande grupo, os medos e as angústias dos indivíduos com conflitos internos não se dissipam tão facilmente. Na melhor das hipóteses, a dinâmica do grupo maior pode contribuir, em graus variados, para o relacionamento e a identificação dos indivíduos participantes. Só isso já propicia a redução das angústias. O que Le Bon queria dizer é que a "selvageria" da massa, presente no grande grupo, permite o afloramento dos sentimentos íntimos. Sabemos que o sujeito na multidão se comporta num plano inferior da ética e da personalidade, perdendo sua individualidade e revelando uma "propensão quase psicopática", com a atenuação das funções do superego e a redução do sentimento de culpa e da angústia. A mudança comportamental deve-se ao fato de que o grupo dá ao indivíduo uma sensação de poder e, ao mesmo tempo, distribui o poder e a responsabilidade, o que paradoxalmente transforma o indivíduo de integrante da massa em pessoa anônima na massa. A multidão tem um poder enorme sobre o indivíduo e um efeito contagiante. Basta observarmos os eventos políticos e esportivos em todo o mundo para constatar seus efeitos.

Freud (1921) fundamentou partes da sua obra relativa à psicologia de grupo na obra de Le Bon, no que diz respeito à mentalidade grupal. Curiosamente, James Strachey, na sua tradução das obras de Freud, observou, em nota de rodapé, que ele traduziu a palavra alemã *Masse* por "grupo", em lugar de "massa", como preferira Le Bon (p. 69). Essa escolha se coadunava com a obra de William McDougall, *The group mind* [A mentalidade do grupo] (1920).

Outra possibilidade é considerar como ponto de partida o livro *Experiências com grupos* (1961), de Wilfred Bion, uma vez que serviu de fonte de consulta fundamental para as conferências de relações grupais do Tavistock Institute, as de A. K. Rice e as de Leicester (lembremo-nos que Bion conduziu grupos no Tavistock e Rice foi um dos membros do seu grupo – cf. Rioch, 1981). Num comentário paralelo, é importante notar que Rice (1965) considerava que os grandes grupos se reuniam em torno de um líder e até deu ao seu texto o título de *Learning for leadership* [Aprendizado de liderança]. Embora não seja exatamente isso o que pensamos da dinâmica dos grandes grupos, notamos que a sua teoria pode ser muito influente no que se refere às suas aplicações práticas.

O conceito de grande grupo foi aplicado em outro sentido por Main (1946), que passou a ver a instituição terapêutica – nesse caso, o hospital psiquiátrico – como um grupo terapêutico ampliado. A experiência de Main veio do Segundo Experimento de Northfield, no qual um grupo de intelectuais inovadores lançou a idéia de comunidade terapêutica e de ambiente terapêutico (Harrison, 2000). No entanto, o verdadeiro precursor da concepção de grande grupo aplicada à esfera das comunidades terapêuticas foi Maxwell Jones (1953). Pela primeira vez a psiquiatria reconheceu a importância dos fatores sociais no tratamento de um número considerável de pacientes (Schneider, 1978).

Do ponto de vista teórico, Marshall Edelson (1970) contribuiu para a aplicação da teoria e dos princípios do grande grupo, na compreensão de como a socioterapia pode lidar com as tensões inter e intragrupais. Foulkes (1964, 1975), ao mesmo tempo que considerava que as reuniões da comunidade terapêutica eram orientadas na tarefa (ecos dos conceitos de Bion), utilizou os princípios analíticos grupais com grupos maiores que não eram necessariamente orientados na tarefa.

Nesse panorama, De Maré (1972, 1985, 1989, 1991) entrou na história neste campo. Ele cunhou a expressão "grupo maior", em referência aos grupos constituídos por um número de pessoas acima do costumeiro e tradicional. Pela primeira vez, surgia um quadro teórico que diferenciava entre grupos pequenos, "regulares", médios e grandes. De Maré entende que "a capacidade de mudança no grande grupo é imensa" (Whiteley e Gordon, 1979, p. 128). Passamos, então, a reconhecer a importância dos grupos maiores, tanto no que se refere à capacidade de mudança quanto para compreender a cultura e a sociedade.

Em 1975, Kreeger foi o organizador do livro intitulado *The large group: dynamics and therapy* [*O grande grupo: dinâmica e terapia*]. Pela primeira vez uma coletânea de artigos sobre o tema do grande grupo tentou quantificar e qualificar o conceito. Alguns dos artigos originais (como os de Foulkes, Main, Turquet, De Maré, Hopper e Weyman, e Pines) tornaram-se clássicos. O livro organizado por Schneider e Weinberg (2003) destacou-se mais de vinte anos depois, ao mostrar a evolução da teoria do grande grupo e por ajudar a explicar a cultura, as instituições, as organizações e... até mesmo os indivíduos. Um grupo internacional de clínicos especializados e teóricos desenhou nessa obra um quadro teórico bem concatenado, com exemplos clínicos da teoria e da prática dos grandes grupos.

TERMOS E DEFINIÇÕES

Agora definiremos os termos que usamos. Qual deve ser o tamanho do grupo e no que consiste um grande grupo? De Maré (1972) escreveu: "O problema do integrante do grupo pequeno consiste em como sentir-se espontâneo, ao passo que o do grande grupo é primordialmente de que maneira pensar" (p. 106). Os pequenos grupos têm idealmente de sete a doze membros. Alguns teóricos admitem até quinze. Gosling (1981) chegou a escrever sobre grupos muito pequenos, de cinco integrantes. De Maré e colegas (1991) notaram "que o número de dezoito a vinte membros parece ser o adequado [...] para os médios grupos" (p. 16). Outros autores (Storck, 2002) observaram que o padrão mais aceito era o de quinze a trinta. A fim de evitar a necessidade de uma categorização precisa, De Maré cunhou as expressões "grupo maior" (1991, p. 15) e "abordagem do grupo de tamanho maior" (1990, p. 115), atribuindo-lhe vinte integrantes ou mais. Em geral, consideramos que um grande grupo tem mais de trinta ou trinta e cinco membros. Turquet (1975) referiu-se a grandes grupos de quarenta a oitenta membros (p. 87). Todavia, os grandes grupos podem contar com muitas centenas de participantes ou ainda mais, se computarmos os grupos sociais étnicos, culturais, políticos e outros (Volkan, 2001, 2004).

A quantidade de integrantes muda não só as características concretas do grupo como também a sua dinâmica e o seu caráter. Turquet (1975) observou que, "com um número muito alto, o grupo não pode mais estar cara a cara" (p. 88). Na verdade, essa afirmação define o entendimento da dinâmica do grande grupo: tal número de participantes não permite a intimidade, mas pode gerar sentimentos de diferença e de alienação. Isso ocasiona uma questão técnica com significação psicológica: como dispor as cadeiras. Embora no médio grupo (até vinte ou vinte e cinco participantes), o círculo único em que todos vejam o rosto dos outros continue factível (Pisani, 2000), nos grupos maiores (mais de trinta pessoas) o círculo amplo não deixa que o(s) líder(es) vejam os integrantes sentados no outro canto da sala. Isso provoca a sensação de um grande corpo cavernoso que não tem capacidade de continência – metaforicamente, um útero que não é capaz de ser fértil. O recurso que se mostrou mais eficaz (mas não sem inconvenientes) foi a formação de "três a cinco círculos concêntricos" (Turquet, 1975, p. 88), o que permitiu a proximidade dos participantes. Contudo, essa disposição faz que alguns participantes fiquem de frente para as costas de outros, o que pode motivar pensamentos paranóicos, além da sensação de atordoamento. Acrescente-se a isso o costume dos veteranos em grandes grupos de sentarem-se dentro do círculo "central" ou perto do líder, o que desperta de fato sentimentos de superioridade e de inferioridade.

PARA QUE SERVEM OS GRUPOS MAIORES

Qual é o propósito dos grupos maiores? Pode-se achar que essa pergunta seja "ardilosa", porque os grandes grupos existem sempre na forma de estruturas sociais, educacionais e políticas. No entanto, nós criamos artificialmente o *setting* de um grande grupo para que os participantes aprendam de forma experiencial quais são, na realidade, os processos desse tipo de grupo. Em geral, é consenso dizer que as experiências com grandes grupos não são, em si, psicoterapia. Uma exceção notável é Springmann (1975), que discute a grande reunião geral de uma ala psiquiátrica. Hoje poderíamos designar esse tipo de "psicoterapia" como uma grande comunidade terapêutica, mas não exatamente como psicoterapia.

Usamos a experiência do grande grupo como um laboratório para estudar seus processos, tanto conscientes como inconscientes, a fim de entender o seu impacto sobre os sentimentos, as ações e os pensamentos sociais, organizacionais e sistêmicos. O grande grupo não consegue dar conta de lidar com os sentimentos e dores próprios do indivíduo e, na maioria das vezes, pode intensificar a sensação de solidão. Não funciona como uma modalidade ou um tipo de psicoterapia, embora possa surgir em alguns participantes o sentimento de continência. O grande grupo é, no entanto, um instrumento importante para a compreensão dos processos sociais interativos e das inter-relações na sociedade. De Maré afirmou: "O grande grupo [...] nos proporciona um contexto e um possível instrumento para investigar a interface entre as áreas polarizadas e cindidas da psicoterapia e da socioterapia. Esse campo é o da intergrupalidade e da transdisciplinaridade [...]" (1975, p. 146). No caso especial do médio grupo, ele é "suficientemente grande para representar a sociedade, mas devidamente pequeno para permitir que as pessoas se expressem. É a configuração mais apropriada para estudar e entender a ponte entre o intrapsíquico individual e o mundo social" (Pisani, 2000, p. 77). O médio grupo é um espaço transicional para tirar um integrante da família narcísica (o pequeno grupo) e inseri-lo numa cidadania comunitária. Ele promove um processo de individuação, usando o diálogo como força transformadora. No grande grupo, é mais difícil concretizar o diálogo.

Foulkes (1964) delineou múltiplas dimensões que operam no grupo. Disse que é possível discernir quatro níveis, "desde a superfície até os aspectos mais profundos e ocultos" (p. 114). O último, "o nível primordial" (p. 115), corresponde ao nível inconsciente mais profundo descrito por Freud e ao inconsciente coletivo de Jung. Powell (1994, p. 16) se perguntou ("pensamento cheio de desejo") assim como Foulkes, que atribuiu imagens primordiais a Freud. Nas palavras de Foulkes, "é sempre a rede transpessoal que se sensibiliza e se expressa ou responde. Nesse sentido, podemos postular a existência de uma "mentalidade grupal" (1964, p. 118). Vemos nas contínuas convergências espirais, existentes no grande grupo, paralelismos com o que ocorre no ambiente de interação social conhecido por microcosmo social. O grande grupo reflete não só o que ocorre no aqui-e-agora, mas também mostra, por transferência, o que acontece nas organizações, nos congressos, no clima político etc. Pines (1983/2000) observou que Foulkes – embora realmente ligado ao grande grupo – "não tinha muito entusiasmo pela aplicação da teoria analítica de grupo a grandes grupos (com mais de vinte e cinco pessoas)" (p. 283).

O integrante do médio grupo e do grande grupo aprende a ser um bom "cidadão" no grupo e/ou na sociedade. De Maré notou que "os grandes grupos favorecem a conscientização sociocultural. Só se consegue observar a cidadania a contento em *setting* amplo [...]" (1991, p. 11). Como cidadão, o indivíduo aprende a influenciar os outros e também aprende que todos podemos ser muito impotentes. O participante do grande grupo desenvolve conexões na sociedade – o todo mais amplo – e o sentimento de pertencer a ela, e não apenas a um subgrupo específico. Isso faz os integrantes do grupo terem (emocionalmente, quando não na realidade) um papel mais ativo e os torna capazes de "assimilar o ponto de vista de outras pessoas" (James, 1994, p. 60). Isso é "importante para o desenvolvimento da cidadania" (James, 1994, p. 60).

O grande grupo contribui para a diferenciação e a integração de papéis no desenvolvimento da identidade, tanto individual como grupal. Essas identidades podem incluir elementos de gênero e consistem também nas características política, religiosa, étnica etc. Ao mesmo tempo que surgem, esses traços da identidade individual inserem-se sempre no contexto do grande grupo: como comparação, a fim de acentuar a diferença ou de imitar.

Constitui, ainda, o grande grupo, uma situação ideal para investigar as questões de liderança e autoridade. Home (1983/2000, p. 147) nota que

> no "grande grupo" – isto é, o grupo de mais de vinte e cinco pessoas relativamente desconhecidas – o problema da autoridade é tão agudo que a comunicação, em um primeiro momento, se reduz a quase nenhuma, tanto do ponto de vista quantitativo quanto qualitativo. Essa redução drástica na comunicação, que faz parte da ansiedade paranóide intensa e penetrante que, se disseminada, aflora no grande grupo, e torna-o particularmente propenso ao *acting out*, como o único meio disponível de catarse emocional.

As Conferências de Tavistock exploram essas questões com limites claramente definidos, quase sempre reconhecendo-as como geradoras de sentimentos de alienação e solidão. O grande grupo também é usado em consultoria organizacional, para investigar os conflitos e as tensões nas estruturas organizacionais. Como diz De Maré (1991), "os grandes grupos propiciam um contexto em que podemos investigar os nossos mitos sociais (o inconsciente social) e onde podemos começar a diminuir a distância entre nós e o nosso meio sociocultural" (p. 10).

O integrante do grande grupo é um "indivíduo" em meio à "massa". Essa sensação costuma ser desagradável. O indivíduo sente-se peça de uma engrenagem e perde, assim, parte da sua individualidade, sendo arrastado pela dinâmica regressiva do grande grupo. Sente-se em um limbo entre a dinâmica consciente e a inconsciente, com o inconsciente coletivo pesando para o fenômeno regressivo. Também existe um deslocamento regressivo na área da separação–individuação, entre o eu e o outro. De um lado, há a necessidade de pertencer ao grupo, de fazer parte dele e ser contido por ele e, de outro, uma força em sentido contrário, o da separação e da individuação. É muito difícil conservar a noção de si mesmo diante dos ataques da dinâmica do grande grupo/massa.

Antes de concluir, é importante mencionar dois livros populares relacionados com o tema das massas e seu imenso poder. Elias Canetti (1960/1984), premiado com o Nobel de Literatura, escreveu uma obra magnífica: *Massa e poder*. O fenômeno da massa é traçado em um contexto histórico, sociológico e psicológico. E James Surowiecki (2004), escritor de obras para o grande público que aparecem em várias revistas literárias e semanais, escreveu um livro interessante, mostrando que os grupos com número grande de pessoas são mais inteligentes que aqueles com poucas, por mais brilhantes que elas sejam. Quem estuda o fenômeno dos grandes grupos e das massas não consegue deixar de se encantar com esses dois escritores.

PROCESSOS DINÂMICOS

Os processos dinâmicos, especificamente os processos projetivos, diferem nos grandes grupos em relação aos que encontramos nos pequenos grupos. O grande grupo gera angústia muito mais rapidamente que os grupos menores. Isso talvez se deva à função de continência mais fraca do grande grupo, aos seus limites fluídos e estrutura aparentemente caótica, que fazem brotar angústias primárias e regressivas, sentimentos de fragmentação, desintegração e distanciamento da realidade. "No grande grupo, o indivíduo sente-se ameaçado e isolado e tem uma sensação de desamparo face ao caos dominante" (Ricciardi von Platen, 1996, p. 486). Mais do que os pequenos grupos, os grandes e médios grupos começam no caos. Os participantes tentam encontrar uma ordem e dar sentido ao caos a fim de não se sentirem perdidos, sós, isolados, nem terem "medo da desorganização" (Winnicott, 1974, p. 87) e sucumbirem. Eles sentem "uma *ameaça de aniquilamento* [...] uma angústia primitiva muito real" (Winnicott, 1956, p. 303). Ou, como Kohut denominou, angústia de desintegração: "O cerne da angústia de desintegração é a expectativa do colapso do eu" (1977, p. 104). Certos integrantes de grandes grupos sentem a angústia crescente e se juntam para ficar perto de uma pessoa conhecida ou se inserir na estrutura de um subgrupo, que pode se subdividir de acordo com a nacionalidade, a religião, o gênero, os estratos socioeconômicos etc. E há ainda o indivíduo que protege o eu mantendo-se "isolado" (Turquet, 1975) – aquele que fica sozinho em meio à massa.

Não é fácil se exprimir no grande grupo. Alguns integrantes acham que, se falarem ao menos uma vez, terão quebrado o gelo e conquistado algo relevante. Ao se arriscarem, podem também criar condições de tentar novamente. E há outros que ficam calados ao longo de toda a experiência no grande grupo, porque as angústias ligadas à tentativa de falar se tornam insuportáveis e ainda teriam de enfrentar a aceitação ou o menosprezo em relação ao que diriam etc.

Outro fator "técnico" importante e significativo para a experiência no grande grupo é a capacidade de ouvir o que se diz. Referimo-nos a ouvir tanto na acepção literal do sentido físico da audição quanto na acepção da percepção auditiva. Enquanto a primeira tem uma relação maior com a conformação física e acústica, a segunda está ligada à percepção auditiva emocional. Sempre constatamos nos grandes grupos a dificuldade que os participantes têm de "ouvir" – obviamente, um componente expressivo do processo do grande grupo. Ambos os aspectos, o físico e o emocional, precisam ser abordados pelos líderes de grupos grandes. Um fenômeno interessante da experiência do grande grupo, que se prolonga por várias sessões, é o dos participantes da primeira sessão ou das iniciais se queixarem de não conseguir "ouvir". Depois desse "bloqueio" auditivo inicial, os integrantes do grupo passam miraculosamente a ouvir e se lembrar do que antes não ouviam. Vemos aí com clareza que as emoções, sobretudo a angústia, podem bloquear até mesmo processos de pensamento abstratos e fazer os participantes regredirem para uma forma de compreensão mais concreta (Schneider, 1987). Essa passagem de um modo de sentimento e pensamento mais flexível para outro mais inflexível é corriqueira no processo psicodinâmico dos grandes grupos.

As pessoas, acostumadas a sentir intimidade nos pequenos grupos, procuram-na em vão, desesperadamente, no grande grupo. Sentimentos de alienação são mais intensos no indivíduo que então se vê em meio à massa, ou grande grupo. Isso porque ele tem a sensação de estar sozinho na massa de pessoas, sem relação com ninguém, sentindo-se solitário e isolado. O fato de os sinais visuais ou de outra natureza perceptiva não existirem ou se perderem na multidão impede a pessoa de avaliar a linguagem corporal da outra. Falta-lhe a experiência intersubjetiva. Para os que estão acostumados com as experiências mais plenas dos pequenos grupos, o grande grupo é de início uma experiência chocante. A expectativa de continência, de calor humano e de aceitação é sentida de forma diferente no grande grupo. Às vezes, ocorre o fenômeno do "participante itinerante", no qual o membro de um grande grupo se sente só e sem raízes, vai para outra parte do grupo a fim de tentar receber o calor e a receptividade dos outros.

Esse trânsito costuma provocar uma reação diferente da esperada. Freqüentemente, os participantes que se sentem aviltados têm uma reação de raiva e rejeição. Em lugar da aceitação, da receptividade e da empatia, o "participante itinerante" se sente ainda mais isolado e alienado. Nos pequenos grupos de terapia, a transferência toma o primeiro plano. No médio grupo, o fenômeno da transferência se reduz a ponto de quase desaparecer, ao passo que os fenômenos do aqui e agora ganham importância maior: espelhamento, ressonância, experiência emocional corretiva, formação do ego e do eu na prática etc.

Nos grandes grupos, o espelhamento comunicacional é quase impossível, pois a voz da pessoa se perde no vazio. Como o espelhar depende primordialmente da capacidade de olhar nos olhos do outro e ser visto por eles, é difícil que ele exista no grande grupo em razão da falta de contato visual. Ao contrário dos pequenos grupos, em que as pessoas conseguem se ver refletidas literalmente nos olhos das outras, no grande grupo é provável que elas vejam as costas das outras, o que cria um campo fértil para a paranóia e não para o espelhamento. Além disso, não há resposta alguma para muito do que os membros de um grande grupo dizem, o que faz prevalecer o sentimento de se estar perdido, sem um espelho. O que realmente existe no contexto regressivo do grande grupo é o contágio emocional, que pode ter relação com os processos de espelhamento. Infelizmente, tal contágio ocasiona um espelhamento pernicioso.

A identidade individual é submetida a uma espécie de transformação. Aqueles que se identificam fortemente com o próprio eu conseguem aceitar o efeito de avalanche que o grande grupo exerce sobre suas identidades. Entretanto, há os que se sentem perdidos na experiência do grande grupo. A pessoa sente que suas habilidades básicas de superar dificuldades são insuficientes e que não consegue diferenciar o seu eu dos outros no grande grupo. Ela sente uma pressão para regredir, fundir-se e se misturar aos outros e os procura para formar uma identidade. Essa confusão da identidade e dos limites é uma possibilidade marcante no grande grupo. Para reaver o controle sobre a própria identidade, há a possibilidade do *acting out*, que cria uma forte afirmação do "eu estou aqui". Isso pode ser feito verbalmente: o participante revela algo ao grande grupo que não corresponde ao esperado. No entanto, essa "declaração" é necessária como uma forma do integrante do grupo impor a sua identidade.

Às vezes, o participante sente a necessidade inconsciente de se afirmar ou defender "sua bandeira". Quando o indivíduo se vê atacado e a sua identidade se abala, a reação contrafóbica é erguer-se e se posicionar com força para reafirmá-la e fortalecê-la. Isso é resultado do medo de perder a identidade.

Main (1975), em um artigo inovador, discorreu sobre os processos projetivos e de teste de realidade nos grandes grupos. Ele tentou explicar por que o participante do grande grupo pode ter, na maioria das vezes, uma sensação de irrealidade – uma espécie de distanciamento da realidade. Não se trata de uma cisão psicótica, mas sim de um mecanismo protetor para que o participante tenha a capacidade de "flutuar" acima do que acontece, a fim de encontrar um nível confortável de continência e funcionamento. Main escreveu: "Na identificação projetiva perniciosa [...] com o ego abalado com a perda de boa parte do eu, o teste de realidade se torna ineficaz" (p. 63). Se uma pessoa faz projeções em outra, algo falta nela – essa é a sensação de irrealidade: "[...] muitos indivíduos, por causa da perda projetiva, tornam-se não-eles" (p. 69). Tal sensação de irrealidade se mistura aos sentimentos de "despersonalização e invasão da personalidade [...] acompanhados de relações de objeto bizarras" (Main, 1975, p. 64).

Por causa da frustração que pode acometer o participante do grande grupo, é possível surgirem raiva e ódio de um modo potencialmente incontrolável. De Maré refere-se a isso como uma necessidade de entender e aceitar a importância da "perspectiva do grupo de tamanho maior" (1990, p. 115). É preciso haver "um reconhecimento da significação do ódio como força motriz da mente e da energia mental" (De Maré, 2002, p. 205). Vemos no grande grupo uma polarização de sentimentos e afetos: cisão, extremismo, preconceito e pensamentos, sentimentos e comportamentos estereotipados. O conhecimento e a conscientização dos processos projetivos podem ajudar o líder do grupo a compreender melhor os processos grupais e a saber criteriosamente quando intervir e quando não intervir.

REFERÊNCIAS BIBLIOGRÁFICAS

Bernard, H. S.; West, K. L. "Editor's introduction – Special issue: The large group". *Group*, 17:195-197, 1993.

Bion, W. *Experiences in groups*. Londres: Tavistock, 1961. [Edição brasileira: *Experiências com grupos: os fundamentos da psicoterapia de grupo*. Rio de Janeiro: Imago, 2003.]

Canetti, E. *Crowds and power*. Nova York: Farrar, Straus & Giroux, 1984. [Edição brasileira: *Massa e poder*. São Paulo: Companhia das Letras, 2005.]

De Maré, P. "Large group psychotherapy: a suggested technique". *Group Analysis*, 5: 106-108, 1972.

________. "The politics of large groups". In: Kreeger, L. (org.). *The large group: dynamics and therapy*. Londres: Constable, 1975.

________. "Large group perspectives". *Group Analysis*, 18:78-92, 1985.

________. *The history of large group phenomena*. Nova York: Brunner/Mazel, 1989.

________. "The development of the median group". *Group Analysis*, 23:113-127, 1990.

________. "The millenium and the median group". *Group Analysis*, 35:195-208, 2002.

De Maré, P.; Piper, R.; Thompson, S. *Koinonia: from hate through dialogue, to culture in the large group*. Londres: Karnac, 1991.

Foulkes, S. H. *Therapeutic group analysis*. Londres: Karnac, 1984.

________. *Group analytic psychotherapy: methods and principles*. Londres: Karnac, 1986.

Freud, S. "'Wild' psycho-analysis". In: *The standard edition of the complete psychological works of Sigmund Freud*. Londres: Hogarth, 1981, v. 11. [Edição brasileira: "Psicanálise selvagem". In: *Edição standard brasileira das obras psicológicas completas de Sigmund Freud*. v. XI.]

________. "Group psychology and the analysis of the ego". In: *The standard edition of the complete psychological works of Sigmund Freud*. Londres: Hogarth, 1981, v. 18. [Edição brasileira: Psicologia de grupo e a análise do ego. In: *Edição standard brasileira das obras psicológicas completas de Sigmund Freud*. v. XVIII.]

Gosling, R. "A study of very small groups". In: Grotstein, J. S. (org.). *Do I dare disturb the universe?* Londres: Karnac, 1983.

Harrison, T. *Bion, Rickman, Foulkes and the Northfield Experiments*. Londres: Jessica Kingsley Publishers, 2000.

Home, H. J. "The effect of numbers on the basic transference pattern in group analysis". In: Pines, M. (org.). *The evolution of group analysis*. Londres: Jessica Kingsley, 2000.

Hopper, E.; Weyman, A. "A sociological view of large groups". In: Kreeger, L. (org.). *The large group: dynamics and therapy*. Londres: Constable, 1975.

James, D. C. "'Holding' and 'containing' in the group and society". In: Brown, D.; Zinkin, L. (orgs.). *The psyche and the social world*. Londres: Routledge, 1994.

Jones, M. *The therapeutic community*. Nova York: Basic, 1953.

Kohut, H. *The restoration of the self*. Nova York: International Universities Press, 1977.

Kreeger, L. (org.). *The large group: dynamics and therapy*. Londres: Constable, 1975.

Le Bon, G. *The crowd*. Londres: Ernest Benn,1952.

McDougall, W. *The group mind*. Londres: Methuen, 1920.

MacKay, C. *Extraordinary popular delusions and the madness of crowds*. Nova York: Harmony Books, 1980. [Edição brasileira: *Ilusões populares e a loucura das massas*. Rio de Janeiro: Ediouro, 2001.]

Main, T. F. "The hospital as a therapeutic institution". *Bulletin of the Menninger Clinic*, 10:66-70, 1946.

________. "Some psychodynamics of large groups". In: Kreeger, L. (org.). *The large group: dynamics and therapy*. Londres: Constable, 1975.

Pines, M. "The contribution of S. H. Foulkes to group therapy". In: Pines, M. (org.). *The evolution of group analysis*. Londres: Jessica Kingsley, 2000.

Pisani, R. "The median group in clinical practice: an experience of eight years". *Group Analysis*, 33:77-90, 2000.

Powell, A. "Towards a unifying concept of the group matrix". In: Brown, D.; Zinkin, L. (orgs.). *The psyche and the social world*. Londres: Routledge, 1994.

Ricciardi von Platen, A. "Thoughts on the setting of the large analytic group". *Group Analysis*, 29:485-489, 1996.

Rice, A. K. *Learning for leadership: interpersonal and intergroup relations*. Londres: Tavistock, 1965.

Rioch, M. "The influence of Wilfred Bion on the A. K. Rice Group Relations Conferences". In: Grotstein, J. S. (org.). *Do I dare disturb the universe?* Londres: Karnac, 1988.

Schneider, S. "A model for an alternative educational/treatment program for adolescents". *Israel Annals of Psychiatry*, 16:1-20, 1978.

________. "Psychotherapy and social work training: individual differences". *Jewish Social Work Forum*, 23:38-48, 1987.

Schneider, S.; Weinberg, H. (orgs.). *The large group re-visited: the herd, primal horde, crowds and masses*. Londres: Jessica Kingsley, 2003.

Springmann, R. "Psychotherapy in the large group". In: Kreeger, L. (org.). *The large group: dynamics and therapy*. Londres: Constable, 1975.

Storck, L. "'Reality' or 'illusion'? Things of interest about social class as a large group". *Group Analysis*, 35:351-366, 2002.

SUROWIECKI, J. *The wisdom of crowds*. Nova York: Doubleday, 2004.

TURQUET, P. "Threats to identity in the large group." In: KREEGER, L. (org.). *The large group: dynamics and therapy*. Londres: Constable, 1975.

VOLKAN, V. "Transgenerational transmissions and chosen traumas: an aspect of large group identity". *Group Analysis*, 34: 79-97, 2001.

________. *Blind trust: large groups and their leaders in times of crisis and terror*. Charlottesville, Virginia: Pitchstone Publishing, 2004.

WHITELEY, J. S.; GORDON, J. *Group approaches in psychiatry*. Londres: Routledge & Kegan Paul, 1979.

WINNICOTT, D. W. "Primary maternal preoccupation". In: *Through paediatrics to psycho-analysis*. Londres: Hogarth Press, 1982. [Edição brasileira: *Da pediatria à psicanálise – Obras escolhidas*, trad. Davy Bogomoletz, Rio de Janeiro: Imago, 2000.]

________. "Fear of breakdown". In: WINNICOTT, D. W.; SHEPHERD, C. R.; DAVIS, M. (orgs.). *Psycho-analytic explorations*. Cambridge: Harvard University Press, 1989.

GRANDES GRUPOS: HISTÓRIA, TEORIA E PRÁTICAS PSICODRAMÁTICAS

ANNA MARIA KNOBEL

11

Este artigo foi escrito a pedido de Heloisa Fleury, uma das organizadoras deste livro, visando apresentar a vertente psicodramática do trabalho com grandes grupos. Assim, em alguns momentos dialoga com o texto de Weinberg e Schneider[1] e, em outros, marca as sensíveis diferenças que existem entre os dois métodos. Com certeza tais contrapontos servem para ampliar a compreensão do tema, evidenciando também a criatividade e a singularidade do psicodrama brasileiro nessa área.

Muitos profissionais vêm realizando sistematicamente trabalhos com grandes grupos[2] em nosso país desde a década de 1970. Inicialmente, o foco era protagônico, em atos psicodramáticos psicoterápicos. Mais recentemente, o enfoque tem sido educacional, político e profilático, lidando com as diferentes perspectivas socioculturais que pulsam no cotidiano existencial, social e institucional do maior país da América do Sul, uma nação plena de contradições, de contrastes e com uma extraordinária diversidade. Tais procedimentos permitem o alargamento da consciência social, o desenvolvimento da cidadania, a construção de processos de subjetivação, mostrando também um amplo esforço de alguns pro-

1 *Grupos maiores: filosofia, estrutura e dinâmicas.*

2 Algumas destas práticas são apresentadas em diferentes capítulos deste livro.

fissionais por todo país, em relação à prevenção da Aids e das doenças sexualmente transmissíveis. Além disso, novas modalidades vão sendo constituídas em encontros profissionais, principalmente na abertura ou no encerramento dos congressos, o que tem gerado um rico amálgama de experiências metodológicas compartilhadas, um interessante *pool* de estilos de trabalho e de reflexão epistemológica sobre o próprio método.

Pensando acerca das razões que levaram à diminuição significativa dos atos psicoterapêuticos com grandes grupos no Brasil, nos últimos anos, creio que esse movimento tenha sido motivado por algumas das seguintes razões: a rapidez com que determinadas pessoas revelam seus problemas mais íntimos nos grandes grupos na tentativa de escapar à angústia; a excessiva exposição pessoal com suas conseqüências desastrosas: dor, culpa, desorganização psíquica e a pequena continência afetiva desse *locus*. Todos esses fatores desviavam tais práticas dos valores éticos morenianos, apontados por Castello de Almeida[3]: compromisso com a vida, estímulo à espontaneidade-télica, à criação e à liberdade. Esses motivos colaboraram para que houvesse uma transformação significativa nos objetivos e características do contrato de trabalho com os grupos maiores.[4]

Entretanto, penso que pode haver exceções para esses limites, em casos de vitimização pública, nos quais o resgate da dignidade, a elaboração da humilhação e da dor, muitas vezes, precisam ocorrer na presença da comunidade. A lógica de tal necessidade parece ser: o que se sofreu diante

3 W. Castello de Almeida, 2002.

4 Sobre os limites éticos do psicodrama ver também *Revista Brasileira de Psicodrama*. n. 8 e 10.

de todos deve ser resgatado na presença de todos. Incluem-se aqui situações de suicídio de parentes nos espaços da cidade, abusos cometidos por Estados autoritários, traumas resultantes da violência urbana, atos discriminatórios fundados em diferentes tipos de preconceito, entre outras. Entretanto, para que esse processo se dê no grande grupo, não basta o sofrimento do participante que se oferece. É necessário que o grupo se conecte com sua dor, sentindo-a como a dor de todos e de cada um. Há também que acatar a orientação de Kellerman que afirma: "Não se recomenda o sociodrama da crise durante ou imediatamente após a catástrofe". Citando Bustos continua: "tal sociodrama precisa de uma certa distância do drama *real*".[5] Essa regra se impõe porque um certo distanciamento emocional é imprescindível para a elaboração do vivido e, se o protagonista ainda estiver tomado pela situação traumática, expô-lo à encenação dramática serve apenas para mobilizar as angústias e as defesas usadas para suportá-la. É uma das funções do coordenador do grupo proteger os participantes desse tipo de repetição.

Pensemos agora no que fundamenta o trabalho psicodramático com grandes grupos.

O SOCIODRAMA COMO MÉTODO

Sabemos que grupos com mais de cinqüenta ou sessenta pessoas apontam para um trabalho de natureza sociodramática, uma vez que nessas situações "o verdadeiro sujeito do sociodrama é o *grupo*. Ele não está limitado por um número es-

5 KELLERMAN, P. F. Sociodrama. In: *Revista Brasileira de Psicodrama*. v. 6 n. 2, ano 1998. p. 51-68.

pecial de indivíduos, podendo ser formado por *tantas pessoas quantos forem os seres humanos que vivam em um mesmo lugar ou que, pelo menos, pertençam à mesma cultura*"[6] (grifo meu). Fica evidente por essa afirmação que, para o trabalho sociodramático com grandes grupos, são mais importantes as pautas ou padrões gerais de conduta e de afetos compartilhados no grupo do que o número de seus participantes.

Aqueles conjuntos de atitudes comuns configuram o que Moreno chama de o *núcleo dos papéis*[7] daquela cultura. Segundo ele, as formas particulares de cada um interpretar um papel, conferem um colorido próprio e singular a um mesmo substrato comum, que a maior parte dos participantes do grupo reconhece e experimenta como próprios e apropriados. Dizendo de outra forma, os traços *diferenciadores individuais* dos papéis sociais, o colorido pessoal que cada um dá aos papéis, ancora-se nos *denominadores coletivos*[8] presentes em cada cultura, a vertente sociodramática dos papéis.

Assim, nos grandes grupos, o foco do coordenador é o mapeamento e a explicitação dos *denominadores coletivos* dos papéis que pulsam de forma intensa e vivaz no grupo naquele momento. Ele propõe, também, a encenação pública dos *dramas* mais significativos vividos no espaço social de forma compartilhada, que visam à catarse e à elaboração coletiva do vivido. Todas essas ações evidenciam a postura continente e ativa do coordenador, configurando "um fórum

6 J. L. Moreno, 1934, p. 354.

7 Moreno, *op. cit.*, p. 352.

8 Estou me referindo à afirmação de Moreno que diz: "todo papel é uma fusão de elementos particulares e coletivos, é composto de duas partes, seus denominadores coletivos e seus diferenciadores individuais. In: J. L. Moreno, 1934, p. 75.

onde o grupo, com seus problemas coletivos, pode ser tratado com a mesma seriedade com que um indivíduo é tratado em um consultório"[9].

O acolhimento e o respeito ajudam o participante a lidar com seus medos e angústias, atenuando o clima de persecutoriedade e de hostilidade presentes no grande grupo, detalhadamente descrito no capítulo anterior deste livro[10] por Weinberg e Schneider.

Entretanto, antes de descrevermos algumas das ferramentas conceituais contemporâneas que permitem a leitura e a compreensão de aspectos da dinâmica, da evolução e da organização das estruturas relacionais presentes no grande grupo, creio ser interessante visitar o *locus* originário do trabalho psicosociodramático com grandes grupos.

ANTECEDENTES HISTÓRICOS

O trabalho com grandes grupos está vinculado ao psicodrama desde seus primórdios, pois segundo Moreno, a primeira atividade oficial do método se deu em 1º de abril de 1921, entre as 19 e 22 horas, em Viena. Ali, no *Komoedian Haus*, um teatro cedido pelo pai de uma das atrizes de sua trupe de Teatro Espontâneo, ele realizou a seguinte experiência:

> Apresentei-me nessa noite sozinho, sem preparação alguma, perante uma platéia de mais de *mil pessoas* (grifo meu).
> [...] Foi uma tentativa de tratar e curar o público de uma doença, de uma síndrome cultural patológica que os participantes compartilhavam. A Viena do pós-guerra fervia em revolta. Não tinha gover-

9 J. L. Moreno, 1946, p. 363.
10 *Grandes grupos: Filosofia, estrutura e dinâmica.*

> no estável, nem imperador, nem rei, nenhum líder. [...] a Áustria estava inquieta, em busca de uma nova alma.
> [...] meu intento era conseguir um sociodrama em *status nascendi* e analisar o resultado. Se conseguisse converter os espectadores em autores do seu próprio drama coletivo, isto é, dos tocantes conflitos sociais nos quais estavam realmente envolvidos, então minha audácia estaria recompensada.

Mais adiante Moreno diz:

> Mas deve ter sido uma prova muito difícil, ninguém a transpôs. [...] e o mundo continuou sem líderes.[11]

Hoje, muitos anos depois, podemos perceber que foi a ausência de recursos teórico-técnicos adequados que impediu o coordenador de lidar com as dificuldades inerentes à tarefa. Não foi possível o mapeamento dos principais problemas que pulsavam naquele grupo em crise, como reflexo da própria sociedade vienense; não houve continência para as tensões interpessoais, nem o encaminhamento de possíveis propostas coletivas.

"Na manhã seguinte, a imprensa vienense mostrou-se muito perturbada com o incidente. Perdi muitos amigos, mas anotei calmamente: *nemo profeta in patria*[12] e continuei com as sessões abertas na Europa e nos Estados Unidos" conclui o autor.

Entretanto, na própria descrição do acontecimento, já aparecem nomeadas algumas das finalidades do trabalho com grandes grupos na perspectiva psicodramática: identificar e

11 J. L. Moreno, 1946, p. 1-2.
12 Ninguém é profeta em sua própria pátria. Moreno, *op. cit.*

lidar com acontecimentos, tensões culturais e crises coletivas; fazer que cada participante seja um agente ativo das transformações sociais, canalizando propostas do próprio grupo; criar procedimentos capazes de desenvolver *sub species momenti* e *sub species loci*,[13] no momento e no local dos acontecimentos conflitivos, respostas para o que está ocorrendo.

Apesar do fracasso da experiência, configurava-se, já em 1921, um campo de ação inovador para a época, um tipo de prática que viria a adquirir mais consistência teórica e arsenal técnico no decorrer dos vinte anos subseqüentes.

Assim vejamos: até 1925, ainda na Europa, Moreno trabalha com práticas improvisadas e com o Jornal Vivo no que chamou de Teatro Espontâneo vienense.

Nos Estados Unidos, envereda por práticas educativas e institucionais, realizando projetos em penitenciárias onde, segundo Zerka Moreno, "agrupava os detentos com base na complementaridade ou na similaridade de personalidades, de forma que pudessem se ajudar uns aos outros"[14] e, principalmente, na Escola de Educação de Moças do Estado de Nova York, onde desenvolve e utiliza um complexo conjunto de instrumentos para medir as relações e descobrir como se dava a interação afetiva informal entre as cerca de quinhentas e cinco internas.

Ao realizar esse trabalho Moreno percebe que, muitas vezes, os desajustes entre os participantes de uma situação grupal têm sua origem mais além das características individuais dos participantes ou das relações entre eles, dependendo de fatores como o desenvolvimento do grupo como um todo, o tipo de organização que ele apresenta e o nível

13 J. L. Moreno, 1946, p. 361.
14 Z. T. Moreno; L. D. Blomkivist; T. Rützel, 2001, p. 128.

de saturação[15] de determinados elementos minoritários. Essas circunstâncias tendem a alterar o equilíbrio entre os sentimentos de bem-estar e de ameaça, que são importantes para a manutenção, a sobrevivência e o funcionamento do grupo.

No que se refere às dinâmicas supra-individuais, Moreno descreve certas formas constantes de funcionamento dos grupos, que denomina *leis*. Tais constâncias[16] presentes nos grupos são:

- As formas mais complexas de organização social procedem das mais simples (lei sociogenética).
- Existem estruturas relacionais estáveis, as *redes sociométricas*, que se organizam dentro das correntes sociais em constante transformação, em função de empatias mútuas. (Lei das redes socioemocionais).
- Os grupos se aproximam, ou se afastam, em função das forças de atração ou de repulsão existentes entre eles (lei da gravitação social). Quando as forças negativas são mais intensas que as positivas, os membros do grupo têm muita dificuldade para realizar seus objetivos.
- A distribuição dos afetos dentro dos grupos é desigual e cumulativa: indivíduos isolados ou pouco considerados tendem a se manter marginalizados e os mais queridos tendem a ter um alto grau de aceitação, mesmo que haja grande alteração no número de participantes (Lei sociodinâmica).

15 O nível de saturação indica o limite de elementos do grupo minoritário que pode ser absorvido pelo majoritário sem que tensões ou embates sociais sejam produzidos entre eles. In: J. L. Moreno, 1934, p. 560.

16 J. L. Moreno, 1959, p. 48-49.

É importante que o coordenador de um grupo tenha conhecimento dessas dinâmicas supra-individuais para poder reconhecê-las, já que a simples passagem do tempo ou os movimentos naturais do grupo tendem a manter o *status quo*, como a posição dos marginalizados, as relações assentadas em preconceitos, crenças ou antipatias de origem inter-racial, étnica ou cultural. Para que haja transformações é necessária a intervenção direta do líder do grupo.

Uma vez visitadas as origens do método, podemos retomar a descrição do modelo brasileiro de trabalho com grandes grupos.

Gostaria de ressaltar que o dispositivo teórico/prático que será descrito a seguir, bastante utilizado no país, é um *constructo teórico*, desenvolvido há alguns anos, que vem sendo constantemente aprimorado pela criatividade e competência dos psicodramatistas brasileiros que dirigem grandes grupos. Esse modo singular de trabalho com grandes grupos, apesar de ser fiel às práticas morenianas clássicas, avança na compreensão e no manejo do que ocorre com o grande grupo pouco estruturado.

Vejamos agora elementos organizadores desse modelo conceitual.

EIXOS TEÓRICO-TÉCNICOS DO MÉTODO SOCIODRAMÁTICO CONTEMPORÂNEO

Conforme apontei em 1995, em um trabalho apresentado no XII Congresso Internacional de Psicoterapia de Grupo (IAGP), em Buenos Aires,[17] as primeiras ações do diretor quando tra-

17 Anna Maria Knobel. Estratégias de direção grupal. In: *Revista Brasileira de Psicodrama*, v. 4, fasc. I, 1996, p. 49-62.

balha com grupos recém-constituídos (especialmente os muito grandes) é *centralizar a comunicação* e *promover o aquecimento*, sendo o foco das atenções. Para tanto, descreve os objetivos da atividade, solicita a adesão dos participantes ao contrato grupal ou a outras regras mínimas de boa convivência convencionadas *ad hoc*. Essas ações visam construir estados compartilhados que ofereçam alguma continência à sensação inicial de falta de segurança. Pode propor também breves exercícios de relaxamento (alongar, bocejar, espreguiçar), de descarga das tensões (mover os braços, as pernas, o pescoço), de exploração dos diferentes planos do espaço (alto, baixo, normal), de reconhecimento dos outros participantes (olhar, cumprimentar, piscar), ações que visam quebrar a tensão dos membros do grupo e do próprio coordenador. A seguir, introduz as características específicas do método sociodramático, ou seja: a ação no *como se* que nesse momento envolve principalmente a vivência de jogos dramáticos estruturados e a criação/interpretação de personagens.

O próximo movimento do diretor tenta responder de forma sintônica ao que então chamei de *momento de isolamento*[18] dentro do grande grupo. São propostas que buscam dar continência à ansiedade e à persecutoriedade, em geral, bastante intensas nesse momento do trabalho. Para tanto, o coordenador propõe vivências introspectivas de várias naturezas, tais como: exercícios dirigidos de imaginação ativa, de autoprospecção em relação ao corpo, de rememoração de situações ou experiências ligadas ao tema ou aos papéis evocados pelo grupo. Essas propostas levam cada um a se co-

18 Essa terminologia acolhe as direções ou tendências das estruturas relacionais descritas por Moreno ao analisar grupos de bebês. In: J. L. Moreno, 1934, p. 202.

nectar com o próprio ritmo, com suas fantasias e expectativas em relação ao que poderá acontecer no e com o grupo.

Solicita também rápidos contatos entre os participantes para trocas acerca dessas experiências individuais. Ao favorecer aproximações mobilizadas por sentimentos de simpatia ou de atração, apóia a impressão dos participantes de que é mais seguro ficar com seus iguais. Além disso, tais movimentos permitem ao diretor detectar o que está acontecendo, pois mapeiam as emoções, sensações e fantasias que pulsam no grupo naquele momento.

Igualmente podem ocorrer *recortes identitários* específicos em função de múltiplos elementos: etnia, nacionalidade, profissão, faixa etária, sexo, entre outros. As áreas de pesquisa são definidas conforme os objetivos da atividade. Em um encontro profissional, faz sentido mapear filiações teóricas, institucionais; em uma atividade aberta à população pode ser interessante conhecer as regiões da cidade de onde provêm os participantes, e assim por diante.

A seguir, o coordenador reconhece e explicita vários dos *núcleos comuns de papéis* presentes no grupo, caracterizando diferentes *identidades de papel* que podem operar como eixos ancoradores das emoções compartilhadas e das cenas do grupo. Esse trabalho demarca o chamado *momento de diferenciação horizontal*, no qual os participantes gostam de mostrar suas singularidades e observar as dos demais. A ação é individualizada, mas voltada para os outros. O clima é de burburinho e de confusão, mas interessante para a discriminação das forças que pulsam no grupo. Cabe ao coordenador valorizar a diferença e a diversidade, promovendo ações que aumentem a segurança e a potência dos participantes, tanto individualmente, como dos subgrupos. Em geral, nesse momento, já há a possibilidade do encaminhamento de propostas que se assentam em diferentes identidades de papel, bem como alguns projetos que podem ser levados adiante. Normalmente, esse percurso é resultante de sucessivas escolhas e decisões que vão sendo feitas pelos participantes, com a ajuda do coordenador.

Vejamos alguns exemplos desse percurso que desvela os *núcleos comuns dos papéis*, a partir de enredos propostos por diferentes participantes. Em um sociodrama que trabalha com a violência urbana nas grandes cidades aparece uma cena na qual um motorista é assaltado por um trombadinha. Esse fato é representado sob vários ângulos: da vítima, do ladrão, do transeunte, de um outro motorista. Em um projeto de educação sexual, aparece uma conversa entre um portador do vírus HIV, uma adolescente interessada em sexo e a *camisinha*, encarnada por vários dos participantes que mostram as vantagens desse meio de proteção às doenças sexualmente transmissíveis. Em um programa de inclusão dos usuários *gays*, lésbicas, bissexuais e transgêneros nos serviços de saúde da Prefeitura de São Paulo, surge a seguinte cena: um travesti é chamado para consulta pelo nome que consta em sua cédula de identidade (Joaquim), mas como se vestia e se sentia como mulher fica com vergonha de entrar no consultório. Criam-se várias versões dessa mesma cena até que um atendente, levando em conta a situação embaraçosa do cliente, o chama de forma muito discreta, o que permite que ele se dirija dignamente à consulta médica.

Podemos perceber claramente que as repercussões de cada sociodrama são bastante diferentes entre si. No primeiro exemplo, do ponto de vista do cidadão comum, todos os assaltantes parecem iguais: violentos, malvados; o jovem carente, por sua vez, tem suas justificativas pessoais para cair na delinqüência. As vítimas experimentam basicamente o mesmo: medo, impotência e raiva. Nessas condições, o que importa é percorrer possíveis maneiras compartilhadas de responder subjetivamente a esse tipo de acontecimento desastroso, facilitar a catarse pública da humilhação e o resgate da dignidade perdida, fomentando-se prioritariamente as expressões emocionais e o alívio da angústia. A vida social se transforma pouco a partir desse tipo de ação. No trabalho com a educação sexual já se esperam mudanças de comportamento, promovidas pela informação e pela conscientização vivencial acerca das possíveis formas de contaminação sexual. No projeto dos Centros de Saúde a expectativa é mais ampla, a diminuição do preconceito dos funcionários em relação às minorias de gênero, com a sua conseqüente inclusão em um sistema de atendimento digno. Como vemos, o alcance e a abrangência dos procedimentos variam bastante.

Fica evidente, também, que nesse tipo de trabalho é irrelevante definir que indivíduo concreto dá vida a cada papel, pois as personagens aglutinam aspectos de todos. O que importa é evidenciar as múltiplas variações desse substrato comum, inventadas por diferentes participantes, pois elas apontam para a maleabilidade que essas identidades podem ter naquele contexto social.

Uma vez mapeados os *núcleos comuns de papel* presentes no grupo, podem aparecer os processos de *identificação* que, para Moreno, se dão em dois planos: como *identificação subjetiva* (em função da história pessoal de determinado participante) e como *identificação objetiva* (as atitudes e os comportamentos mais freqüentes e preponderantes na cultura).

O primeiro processo mostra a possibilidade de intrusão de diferentes subjetividades na realidade compartilhada. Acredito que, quando emoções individuais muito intensas explodem no grande grupo, o coordenador deve acolhê-las, buscando formas para sua expressão metafórica, sem entretanto adentrar no enredo pessoal que as condicionou. Isto porque, na maior parte das vezes, a função psicoterápica do diretor não está autorizada pelo contrato grupal. Assim, vejamos: em uma atividade vivencial, centrada no papel profissional de psicoterapeuta, uma das participantes que encarnava uma bailarina, delicada e leve, começou a chorar de forma muito intensa e sentida, sem que ninguém soubesse por quê. Diante de seu choro, a diretora interrompeu a cena, perguntando se ela gostaria de ser acolhida pelo grupo em sua tristeza. Com sua permissão, foi feita uma rede de braços entrelaçados com vários participantes, que a embalou, até que se acalmasse. Contou então que, ao dançar leve e solta, tinha se lembrado do irmão morto. Sua dor foi acolhida, contida pelo coletivo e nomeada. Depois disso, o trabalho foi retomado com foco no papel de psicodramatista, bastante enriquecido pela comoção e pelo comprometimento de todos.

Algumas expressões vindas do grupo também podem mostrar processos de *identificação objetiva* proposta por Moreno. Nas grandes cidades brasileiras, ocorrem sistemáticos atos de violência nos espaços públicos que são compartilhados pelos moradores. A dor da perda de um parente querido pode ser vivida por todos, os vários abusos institucionais, que fazem parte do cotidiano dos brasileiros há muitos anos, também apresentam dinâmicas coletivas de papéis que podem eclodir em cenas de um, ou de vários membros do grupo, centralizando a atenção como enredos dramáticos, validados pelos participantes do grande grupo. Esses movimentos evidenciam o *momento de diferenciação vertical*, no qual um indivíduo ou um subgrupo centraliza a ação. Muitas vezes, um único foco cênico consegue condensar o desejo da multidão. Para que isso seja possível são necessários sucessivos movimentos de discriminação e de escolhas, organizados em níveis concêntricos de representatividade e de inclusão da maior parte do sentir e pensar do grupo naquele momento. Assim, os movimentos desse tipo de cena, mapeiam e encarnam as diferentes formas que o drama comum pode assumir naquele contexto social.

Nesse momento, como o grupo já está suficientemente aquecido para produzir espontaneamente, as sugestões vindas do público fluem com *timing* e comprometimento, revelando caminhos que mobilizam a todos. As cenas se sucedem, em um foco, em múltiplos focos, tanto faz, pois conforme aponta Moysés Aguiar: "o próprio grupo vai elaborando uma síntese interpretativa de sua experiência, veiculada analogicamente por meio da trama da história criada e encenada"[19] por todos.

Como vemos, os percursos, ações e efeitos subjetivos e sociais do sociodrama com grandes grupos confirmam o que Weinberg e Schneider[20] enfatizam, apoiados em De Maré, acerca da especificidade desse espaço como favorecedor/facilitador de sentimentos de pertencimento social, de cidadania e de assumpção de papéis mais ativos, interferindo na maneira com que cada um se apropria subjetivamente dos dados da cultura.

Fica evidente que as tramas sociodramáticas grupais abrem espaço para interessantes universalizações oriundas do jogo lúdico, que muitas vezes germinam em novos elementos de subjetividade e subvertem os processos identitários. Nesse processo, há que desistir de entender o ocorrido no palco como correspondente a situações encarnadas pelos participantes no espaço da realidade compartilhada, valorizando a gestão coletiva do brincar e as múltiplas facetas do agir teatral.

19 M. Aguiar, 2005, p. 139-147.
20 Weinberg & Schneider, *op. cit.*

Entretanto, apesar da riqueza desse tipo de experiência coletiva, também são válidas as afirmações de Kellerman[21] acerca dos poucos recursos do sociodrama clássico para resolver, no plano da realidade social, os conflitos inter-grupais. Assim, os profissionais interessados em trabalhar com esse tipo de problema necessitam enriquecer suas práticas por meio de teorias contemporâneas sobre os conflitos humanos, pois estas contam com modelos e estratégias que tentam transformá-los em cooperação.

Além desse método centrado nos papéis, estruturas relacionais e critérios, a socionomia conta com um outro instigante modelo de trabalho com grandes grupos.

A DIREÇÃO CENTRADA NA ESPONTANEIDADE

As principais técnicas usadas com grandes grupos nesse foco são: o Teatro Espontâneo moreniano, o *playback theater* (criado por Jonathan Fox e Jo Salas, em 1975), o teatro de reprise, seu irmão mestiço, e as práticas que se apóiam em dramaturgias ensaiadas que podem ser realizadas com atores ao vivo, com vídeos ou películas de cinema.

Muitos colegas vêm trabalhando com o teatro espontâneo em atos sociodramáticos. Sobre o assunto, a *Revista Brasileira de Psicodrama* tem publicado interessantes artigos teóricos e alguns depoimentos de ações públicas com o método. Gostaria de destacar os textos de Regina F. Monteiro,[22] de Moysés Aguiar[23], que, por sua paixão, competência

21 Kellerman, *op. cit.*

22 Teatro espontâneo: um ato político. In: *Revista Brasileira de Psicodrama*. São Paulo, v. 12, n. 1, 2004. p. 33- 44.

23 A cidadania nas histórias do psicodrama. In: *Revista Brasileira de Psicodrama*. São Paulo, v. 13, n. 2, 2005. p. 139-147.

e pioneirismo, fizeram escola no que se refere a essa modalidade de trabalho.

Ronaldo Pamplona[24] e Carlos Borba, por sua vez, vêm desenvolvendo, há mais de vinte anos, um interessante projeto de telepsicodrama, que permite multiplicar vivências apresentadas na TV, com a ajuda de um diretor de psicodrama em diferentes locais, com o objetivo de desenvolver processos educativos, profiláticos e até psicoterapêuticos.

Em relação aos grupos que têm uma dramaturgia ancoradoura inicial, vou comentar brevemente o trabalho do *Grupo Vagas Estrelas*, por algumas razões: primeiro, porque participo do grupo como diretora do psicodrama que se segue à encenação teatral; também por ele ter sido o pioneiro dessa modalidade técnica, atualmente multiplicada de forma instigante e, principalmente, porque ele é um interessante dispositivo para o trabalho com grandes grupos .

Fundado e dirigido por Camila Salles Gonçalves, tal grupo vem realizando um certo tipo de trabalho no qual: "meios sintéticos e artísticos de apresentação do *drama familiar* utilizam cinema, vídeo, música, teatro e psicodrama, promovendo o diálogo entre várias linguagens e tirando vantagem da compreensão criativa que ele pode estimular".[25] Nesse artigo, ela discute as bases conceituais e as características do trabalho do *Grupo Vagas Estrelas*.

A primeira apresentação do grupo ocorreu nos encontros socionômicos mensais do Curso de Formação em Psicodrama do Convênio SOPSP/PUC-SP, que se realizou em 18 de outubro de 1997, no teatro do Colégio Rio Branco, em

24 Telepsicodrama: um sonho de Moreno em pesquisa. In: Costa, 2001, p. 189-209.
25 Gonçalves, 1998, p. 43-50.

um palco italiano com cerca de quinze metros de boca de cena, equipamento de iluminação, som, telão para vídeo e um piano de meia cauda, usado por uma das personagens. Na platéia, em confortáveis poltronas, havia cerca de duzentas pessoas, que se mobilizaram intensamente ao realizar várias intervenções.

O psicodrama, inventado a partir da dramaturgia inicial, apresenta algumas características próprias que diferem do modelo moreniano clássico. São elas: a antropofagia cultural, o trabalho do privado em público, os percursos co-inconscientes e o existir trágico.

O que diferencia essa prática psicodramática de tantas outras?

Começa com a incorporação ritualizada de alguma das personagens do *script* teatral por algum participante do público, que passa a viver seu drama a partir de novas perspectivas, atendo-se aos eixos factuais do enredo. A estrutura da trama vai sendo modificada gradualmente, de modo compatível e coerente com a história.

A dramatização que ocorre a partir dessa seqüência de etapas, permite que a biografia do protagonista seja mantida oculta, pois ele é convidado a participar das vicissitudes de uma das figuras da história. Age como se fosse a personagem, mas referido e regido pelas próprias experiências, o que cria uma interessante alquimia cênica, que protege sua privacidade e suas motivações. Envolve-se em uma trama que o ultrapassa, pois o enredo, os efeitos cênicos, a música, a carpintaria teatral, potencializam a intensidade do vivido. Depoimentos de participantes, colhidos algum tempo depois do acontecido, revelam a ocorrência de interessantes processos de catarse, *insight* e elaboração de situações pessoais.

Outro aspecto mobilizador desse psicodrama refere-se ao fato de as intervenções que se sucedem serem criadas por indivíduos provenientes de uma certa platéia, reunida em um dia e lugar definidos, que chega ao palco onde estão atores específicos, dirigidos por determinado diretor. As cenas que assim se constituem mostram partes visíveis e invisíveis de muitas vidas, podendo transitar pelo presente, pelo passado, pelo futuro, por estados singulares e por movimentos coletivos. São caminhos móveis e mutantes que trilham *percursos co-conscientes/co-inconscientes*, sempre surpreendentes.

Os dramas postos em cena ancoram-se em certo tipo de existência que, segundo Volpe, vê o homem como "fundamentalmente dilacerado por ambigüidades, na medida em que de um lado está ligado a determinantes que escapam ao seu controle [...] e de outro se constitui em campo aberto para uma liberdade a ser conquistada".[26] Trata-se de um existir trágico, no qual se evitam soluções fáceis, entre elas "o perigo de o diretor se envolver em seu narcisismo e acreditar que pode mudar tudo"[27] levando consigo o grupo e criando a ilusão de considerar o *como se* um campo mágico que pode nos livrar de qualquer sofrimento. O trabalho do *Grupo Vagas Estrelas* propõe exatamente o contrário: considera que somente por meio da vivência dos conflitos, da aceitação da dor, da incorporação dos fatos do passado, da transformação de seus sentidos, instaura-se a vida possível.

Encerrando este percurso, posso dizer que o ofício do psicodramatista coordenador de grande grupos muitas vezes é poético, sincrônico e sutil, mas flui também em movimentos instáveis, em territórios densos, ambíguos ou até mesmo caóticos, nos quais o trabalho cênico alegre e movimentado é impossível. Suportar a quebra da matriz lúdica do psicodra-

26 J. A. Volpe, 1990.
27 Buchbinder, 1997.

ma, considerando-a apenas como um dos *pontos de vista* possíveis no universo de nossas práticas, é a condição fundamental àqueles que se dispõem a trabalhar com grandes grupos.

Finalizando, faço minhas as palavras de Clarice Lispector:

> [...] aquele que estivesse completamente livre de soluções convencionais e utilitárias veria o mundo, ou melhor teria o mundo de um modo como jamais artista nenhum o teve. Quer dizer, totalmente e na sua verdadeira realidade.[28]

REFERÊNCIAS BIBLIOGRÁFICAS

AGUIAR, M. "A cidadania nas histórias do psicodrama". In: *Revista Brasileira de Psicodrama*. São Paulo, v. 13, n. 2, 2005.

ALMEIDA, W. C. de. *A ética nos grupos – Contribuição do psicodrama*. São Paulo: Ágora, 2002.

BUCHBINDER, M. "Teatro da espontaneidade e pensamento trágico". In: *Leituras 20*. São Paulo: Companhia do Teatro Espontâneo, julho 1997.

COSTA, R. P. da. (org.). *Um homem à frente do seu tempo – O psicodrama de Moreno no século XXI*. São Paulo: Ágora, 2001.

FONSECA, J. *Psicoterapia de relação, elementos de psicodrama contemporâneo.* São Paulo: Ágora, 1999.

GONÇALVES, C. S. "Mitologias familiares". In: *Revista Brasileira de Psicodrama*. São Paulo, v. 6, n. 2, 1998.

KNOBEL, A. M. A. A. C. "Estratégias de direção grupal". *Revista Brasileira de Psicodrama*. São Paulo, v. 4, fasc. I, 1996 e In: FONSECA, J. (org.). *Psicoterapia da relação, elementos de psicodrama contemporâneo.* São Paulo: Ágora, 1999.

________. *Moreno em ato – A construção do psicodrama a partir das práticas*. São Paulo: Ágora, 2004.

28 Clarice Lispector, 2004, p. 172.

LISPECTOR, C. Um ser livre. In: *Aprendendo a viver*. Rio de Janeiro: Rocco, 2004.

MONTEIRO, R. F. "A cidadania nas histórias do psicodrama". In: *Revista Brasileira de Psicodrama*. São Paulo, v. 13, n. 2, 2005.

MORENO, J. L. *Psicoterapia de grupo e psicodrama*. Campinas: Livro Pleno, 1959/1999.

________. *Psychodrama & group psychotherapy*. McLean: American Society for Group Psychotherapy & Psychodrama, 1946/1994. v. 1.

________. *Who shall survive? Foundations of sociometry, group psychotherapy and sociodrama*. Beacon: Beacon House Inc., 1934/1978.

MORENO, Z. T.; BLOMKIVIST, L. D.; RÜTZEL, T. *A realidade suplementar e a arte de curar*. São Paulo: Ágora, 2001.

PENTEADO, H. D. "Do psicodrama ao telepsicodrama: um percurso histórico". In: *Revista Brasileira de Psicodrama*. São Paulo, v. 11, n.1, 2003.

VOLPE, J. A. *Édipo – Psicodrama do destino*. São Paulo: Ágora, 1990.

OS AUTORES

ANNA MARIA KNOBEL

Psicóloga, psicodramatista didata supervisora pela Febrap, professora do Departamento de Psicodrama do Instituto Sedes Sapientiae, mestre em Psicologia Clínica pela PUC-SP e autora de: *Moreno em ato – A construção do psicodrama a partir das práticas* (Ágora, 2004).

CIDA DAVOLI

Psicóloga pela PUC-SP, psicodramatista didata, supervisora no foco psicoterapêutico pelo Instituto de Psicodrama e Psicoterapia de Grupo de Campinas, coordenadora dos Psicodramas Públicos no Centro Cultural São Paulo.

DANIELA NOGUEIRA GREEB

Assistente social pela PUC-SP, sociopsicodramatista pela Role-Playing Pesquisa & Aplicação, coordenadora do Psicodrama da Cidade, gestora de projetos sociais pela Comunidade Solidária, diretora presidente do Instituto de Políticas Relacionais.

FLÁVIO LÔBO GUIMARÃES

Psicólogo, terapeuta conjugal e familiar, mestre em Psicologia Clínica pela Universidade de Brasília, professor do Instituto de Ciências Humanas da Universidade Paulista (Unip/Câmpus Brasília).

HAIM WEINBERG

Psicólogo clínico e grupanalista, diretor do Instituto Tmourot Ve'Anashim: clínica para terapia individual e de grupo, membro do

Programa de Treinamento de Facilitadores de Grupo na Universidade de Tel-Aviv, diretor do Programa de Treinamento para Líderes de Grupo em Sociedades Multiculturais no Beit Berl College, professor do Programa de Estudos Avançados em Psicoterapia Integrativa na Universidade Hebrew, em Jerusalém, e presidente da Israel Association of Group Psychotherapy, membro da International Association of Group Psychotherapy (IAGP); membro da American Group Psychotherapy Association (AGPA) e da Group Analytic Society (GAS), moderador da lista de discussão sobre psicoterapia de grupo na Internet (http://www.group-psychotherapy.com).

HELENICE GAMA DIAS

Psicóloga jurídica, gestalt-terapeuta, terapeuta de casal e família, e terapeuta sexual de casal e família.

HELOISA JUNQUEIRA FLEURY

Psicóloga, psicodramatista didata supervisora pelo Departamento de Psicodrama do Instituto Sedes Sapientiae, pós-graduanda pela Faculdade de Medicina da Universidade de São Paulo, membro do *board* da IAGP – Associação Internacional de Psicoterapia de Grupo.

JOSÉ MAURÍCIO DE LIMA

Bacharel em Administração e Direito, analista judiciário no Tribunal de Justiça do Distrito Federal e Territórios.

LIANA FORTUNATO COSTA

Psicóloga, terapeuta conjugal e familiar, psicodramatista, doutora em Psicologia Clínica pela Universidade de São Paulo, docente permanente do Departamento de Psicologia Clínica da Universidade de Brasília.

LUCIANA MONTEIRO PESSINA

Psicóloga, cursando formação em Terapia Psicodramático-construtivista de Casais e Famílias no Interpsi – Brasília, DF.

LUIZ CONTRO

Psicodramatista didata-supervisor (Instituto de Psicodrama e Psicoterapia de Grupo de Campinas, SP – IPPGC – Febrap), doutorando em Saúde Coletiva (Departamento de Medicina Preventiva – Faculdade de Ciências Médicas – Unicamp).

MARIA FÁTIMA OLIVIER SUDBRACK

Psicóloga, terapeuta conjugal e familiar, doutora em Psicologia pela Université Paris XIII, pós-doutora em Psicossociologia pela Université Paris VII, e professora titular do Departamento de Psicologia Clínica da Universidade de Brasília.

MARILENE GRANDESSO

Psicóloga, doutora em Psicologia Clínica pela PUC-SP, terapeuta familiar e de casal, terapeuta comunitária, professora e supervisora do curso de Terapia Familiar e de Casal da PUC-SP, coordenadora do curso de Terapia Comunitária da PUC-SP, fundadora e coordenadora da Interfaci – Instituto de Terapia Família Casal e Indivíduo, presidente da APTF em 2000/2001 e autora do livro *Sobre a reconstrução do significado: uma análise epistemológica e hermenêutica da prática clínica* (Casa do Psicólogo, 2000).
e-mail: mgrandesso@uol.com.br

MARLENE MAGNABOSCO MARRA

Psicóloga, terapeuta familiar, psicodramatista, mestre em Psicologia pela Universidade Católica de Brasília, coordenadora de Ensino do Instituto de Pesquisa e Intervenção Psicossocial (Interpsi), coordenadora do Comitê Organizador Local do 16º Congresso Internacional de Psicoterapia de Grupo.

ROSANA MARIA DE SOUSA REBOUÇAS

Psicóloga graduada pela UFBA, em 1989, psicodramatista, professora supervisora e terapeuta didata pela ASBAP Associação Bahiana de Psicodrama e Psicoterapia de Grupo, especialista em Psicologia Clínica, título reconhecido pelo CRP 03 e atua em clínica e consultoria de organizações na área de Desenvolvimento Humano.

ROSANE RODRIGUES

Psicóloga, psicodramatista didata, supervisora pela Febrap, professora do Departamento de Psicodrama do Instituto Sedes Sapientiae, mestre em Artes Cênicas pela ECA-USP, co-autora de *O jogo no psicodrama* (Ágora, 1995) e *Intervenções grupais nos direitos humanos* (Ágora, 2005), diretora do Grupo Improvise de Teatro de Reprise e co-autora dos *Jogos Cia. de Teatro* e *Brincando de teatro*, pelo selo Toyster Brinquedos.

PATRÍCIA SANTANA

Psicóloga pela Universidade Católica de Brasília, cursando Formação em Terapia Conjugal e Familiar no Centro de Estudos da Família – Cefam.

SISSI MALTA NEVES

Psicóloga clínica (Universidade Católica de Pelotas/RS), professora universitária (Fundação Faculdade Federal de Ciências Médicas de Porto Alegre), consultora da área comunitária, diretora da Escola Redes – Clínica e Pesquisa em Psicologia Social e Psicodrama (Porto Alegre), formação em Psicodrama (Associação Sulriograndense de Psicodrama/Porto Alegre), diretora de Sociopsicodrama (Centro de Psicodrama e Sociodrama Zerka T. Moreno/Buenos Aires), mestre em Psicologia Social e da Personalidade (Pontifícia Universidade Católica do Rio Grande do Sul), especialista em Psicologia do Desenvolvimento (Universi-

dade Federal do Rio Grande do Sul), capacitação em Técnicas Corporais (Clineuro/Curitiba).
e-mail: maltanev@terra.com.br
site: www.psicodrama-redes-sociais.com.br

STANLEY SCHNEIDER

Psicanalista, analista e grupanalista didata e supervisor, professor e coordenador do Programa de Estudos Avançados em Psicoterapia Integrativa na Universidade Hebrew, em Jerusalém, professor adjunto na Wurzweiler School of Social Work da Yeshiva University, em Nova York, co-fundador e ex-diretor executivo do Summit Institute, em Jerusalém, editor do *MiKBaTZ*, jornal da Israel Association of Group Therapy; editor associado da revista *Psychoanalysis and History*, membro do conselho editorial da publicação *Therapeutic Communities* e membro do painel consultivo internacional Group Analysis.

IMPRESSO NA

sumago gráfica editorial ltda
rua itaunà, 789 vila maria
02111-031 são paulo sp
telefax 11 **6955 5636**
sumago@terra.com.br

G R Á F I C A
sumago